ULRICH VOMBERG
FOTOGRAFIE: INGOLF HATZ
JULIA HILDEBRAND
REZEPTE:
JOHANNES SIEMES
ELKE KARSCH

WILD

125 EDLE REZEPTE AUS WALD UND FLUR

NATURNAH UND NACHHALTIG KOCHEN
MIT REH, HIRSCH, WILDSCHWEIN, WILDGEFLÜGEL & FISCH

CHRISTIAN

INHALT

WILDBRET – EIN WERTVOLLES NAHRUNGSMITTEL

Der Rhythmus im Alltag eines Wildtieres wird bestimmt von den Grundbedürfnissen Schlafen, Suche nach Nahrung, Fressen. Wildtiere nehmen nur die Nahrung auf, welche die Natur ihnen bietet. Diese pflanzliche Äsung ist frei von Hormonen, chemischen Zusätzen und Medikamentenrückständen. Wildtiere tun, was uns Menschen vom Arzt vielfach empfohlen wird: Sie treiben »Sport«, sie bewegen sich und nehmen nur so viel Nahrung auf, bis ihr Hunger gestillt ist. Wildbret ist kalorien- und relativ fettarm, dafür reich an Eiweiß und Mineralien. Während Nutztiere »künstliches Futter« erhalten, stehen Wildtieren die reichlich gemischten natürlichen Nahrungsmittel wie Blätter, Beeren, Körner, Insekten, Würmer, Schnecken, Mäuse und Frösche zur Auswahl.

WILDBRET – EIN VIELFÄLTIGER GENUSS

Rehrücken, Fasanenbrust und Hasenpfeffer sind klassische Wildgerichte. Sie haben seit jeher bei festlichen Anlässen ihren Stammplatz auf unserer Tafel. Daneben hat sich inzwischen eine moderne Wildküche entwickelt, mit einer Spur von Frische und Frechheit in der Zubereitung. Die Ergebnisse dieser Kreativität sind mediterrane Vorspeisen, leichte Hauptgerichte und aromatische Geschmacksvarianten.

WILDGERICHTE – LEICHT GEMACHT

Warum aber trauen sich manche Köchinnen und Hobbyköche nur zögerlich an die Zubereitung von Wildgerichten heran? Fürchten sie, dass die Zubereitung schwierig sei? Dabei sind Filets, Medaillons und Braten nicht mehr oder weniger aufwendig als die gleichen Gerichte mit Schwein- oder Rindfleisch.

Mit diesem Buch möchten die Köchin Elke Karsch und der Koch Johannes Siemes – die beide auch aktiv jagen – Appetit machen auf regionales Wildbret und Ihre Neugierde wecken auf das Ausprobieren innovativer Wildgerichte, damit Sie »Hunger« auf kreatives Kochen bekommen.

JOHANNES SIEMES – STETS EIN SICHERES AUGE UND EINE RUHIGE HAND

WIE ICH ZUR JAGD GEKOMMEN BIN

Ich bin Jäger in der dritten Generation. Bereits als Junge zog ich mit Vater und Großvater auf die Jagd. Das erlegte Wild rupfte und zerwirkte ich in der heimischen Küche selbst. Mit kleinen Gerichten angefangen, bereitete ich mich im Laufe der Zeit auf größere Wildgerichte vor. Später machte ich als Küchenchef meine zweite Leidenschaft zum Beruf.

WANN UND WO ICH DIE JÄGERPRÜFUNG BESTAND

Jugendjagdschein als 16-Jähriger 1988 vor den Prüfern des Kreises Neuss. Vorher besuchte ich den Kurs der Kreisjägerschaft Neuss für Jungjäger.

WO ICH ZUR JAGD GEHE

Hochwild bejage ich im väterlichen Hochwildrevier im Hunsrück. Dem Niederwild stelle ich am Niederrhein nach. Da begleiten mich gerne meine Hunde Chleo, ein Labradormischling, und Danka, ein Böhmisch Raubart.

AUF WELCHE WILDARTEN WAIDWERKE ICH AM LIEBSTEN

Als leidenschaftlicher Flintenschütze begeistert mich die Jagd auf Haar- und Federwild. Hase, Kanin, Fasan, Schnepfe, Ente und Taube trage ich gerne als Beute heim. Und hier, neben dem Fasan, wird ein Salmi zubereitet, das Kanin ruht im Kartoffelmantel mit grünem Spargel und der Rehrücken gart im Wiesenheu. Ohne Kräuter geht bei mir in der Küche gar nichts. Lassen Sie sich von den zahlreichen Rezepten und den schmackhaften Komponenten inspirieren!

EIN JAGDLICHER TRAUM

Zu jeder Jahreszeit morgens die Sonne aufgehen zu sehen, das Erwachen der Natur zu erleben, im Herbst das Röhren der Hirsche zu vernehmen, den mäuselnden Fuchs zu beobachten. Nirgendwo bin ich der Natur so nahe wie auf der Pirsch oder im Hochsitz.

VORWORT VON RALF BOS

Ich bin Meerbuscher, ich bin Kulinariker und ich bin ethischer Vegetarier. Die ersten zwei Punkte mögen ja dafürsprechen, dass ich das Vorwort für dieses Buch schreibe, aber der dritte? Tatsächlich ist es der dritte Punkt der mich am meisten dazu befähigt, dieses Vorwort zu schreiben. Als schreibender Kulinariker kann ich theoretisch für fast jedes Kochbuch ein Vorwort schreiben. Die freundschaftliche Nachbarschaft zu Johannes lässt mir natürlich die Worte viel einfacher aus den Fingern fließen, als es bei einem fremden Autor der Fall wäre.

Aber warum sollte mein fast kompletter Verzicht auf Fleisch, Fisch und Meeresfrüchte denn darauf schließen lassen, dass ausgerechnet ich ein Vorwort für ein Buch schreibe, in dem es fast ausschließlich um die Zubereitung von Fisch und Fleisch geht.

Die Erklärung liegt darin, dass ethische Vegetarier in der Regel sehr große Freunde von Fisch- und Fleischgerichten sind, aber aus ethischen Gründen keine Tiere essen, die unter unwürdigen Bedingungen aufgewachsen sind. Vielmehr verstehen wir ethischen Vegetarier uns als aktiven Teil der Natur. Die Natur hat nicht vorgesehen, dass ein frei lebendes Tier an Altersschwäche stirbt. Vielmehr fällt fast jedes Tier in der Natur einem Fressfeind zum Opfer. Die einen früher, die anderen später.

Was die Natur mit hundertprozentiger Sicherheit nicht vorgesehen hat, ist die aktuelle Situation, in der Milliarden von Tieren von der Geburt bis zum Tod gequält werden, nur damit das Kilo Fleisch im Supermarkt noch 50 Cent billiger ist. Hiervon distanzieren wir uns mit aller Macht. Wenn auch nur der kleinste Zweifel an einer artgerechten Haltung, einem tiergerechten Transport oder einer

würdevollen Tötung besteht, dann essen wir das nicht. Mehr noch, wir prangern das an, wo wir nur können.

Da heute die Möglichkeiten einer Kontrolle so gut wie nicht gegeben sind, bleibt unsere Speisenkarte im Bezug auf Fisch und Fleisch, sehr überschaubar. Im Grunde genommen sind es das Fleisch direkt vom artgerechten Bauern, den man persönlich kennt, Fische vom Angler und Wild vom Jäger.

Damit kommen wir zu Johannes und diesem Buch. Wenn Sie es in Händen halten, glaube ich, dass Sie die Frage, ob das Jagen sinnvoll und notwendig ist, für Sie bereits geklärt ist, und ich denke, dass Sie, wie ich, diese Frage mit Ja beantwortet haben.

Dennoch gibt es auch bei der Jagd schräge Typen, denen es um das Schießen geht. Wir nennen sie perverse Killer. Genau das Gegenteil davon sind pflichtbewusste und leidenschaftliche Waidmänner und -frauen, denen keine Stunde zu früh und keine Mühsal zu groß ist, um in die bestmögliche Schussposition zu kommen und ihr Ziel mit einem Blattschuss zu erlegen. Und diese Jäger, denen es das Herz zerreißt, wenn sie nicht sofort den tödlichen Treffer setzen konnten, die sind es, die unseren Platz in der Natur darstellen.

Damit sind wir wieder bei Johannes und seinem Kochbuch: Johannes ist so ein Teil der Natur, wie ich ihn mir wünsche. Durch sein Talent beim Kochen und seinen Beruf als Gastwirt hat er sich auch nie die problematische Frage stellen müssen, was er nach der Jagd mit seinem Jagdgut anstellen soll. Er hat es einfach auf die köstlichste Art und Weise zubereitet und sich und seinen Gästen serviert.

Damit hat er sich lokal schon einen ausgezeichneten Ruf erarbeitet. Er weiß aber auch, dass viele seiner Jagdkollegen nicht seine Fähigkeiten und seine Möglichkeiten haben. Viel zu oft landet Wildbret in deren Tiefkühltruhen und bleibt, mangels Fachkenntnis und Gelegenheit, oft über Jahre dort gelagert, bis es dann endgültig entsorgt wird.

Diesen, aber nicht nur diesen, Wildfreunden gibt Johannes mit diesem Buch einen Leitfaden in die Hand, der es ermöglicht, aus gejagtem Wild und geangeltem Fisch wahre Delikatessen zu zaubern und den Schlusspunkt einer langen, nachhaltigen Kette zu schließen. Denn egal wie gut wir uns in die Natur einfügen, über allen steht das unumstößliche Credo, dass kein Tier auf dieser Welt umsonst gestorben sein sollte.

Das wiederum führt mich zu meiner zweiten Aufgabe. Ich werde ihnen weiter hinten erklären, welcher Wein zu welcher Speise aus diesem Buch getrunken werden sollte. Denn wer keinen Wein trinkt, hat ja, bekanntermaßen, umsonst gelebt.

Viel Spaß beim Lesen wünscht Ihnen

Ihr

Ralf Bos

(www.ralf-bos.de)

WELCHER WEIN PASST ZUM WILD?

Seit über 30 Jahren bin ich der Inhaber und Gründer eines der der renommiertesten Wein- und Feinkosthandelshäuser in Deutschland. Um dahin zu kommen, benötigte es neben einer Menge Empathie und Durchhaltevermögen auch eine fundierte Ausbildung. Bei mir waren es neben der Ausbildung zum Koch und der Ausbildung zum Restaurantfachmann auch eine fast zweijährige praxisnahe Weiterbildung zum Sommelier im Hotel Schweizerhof Davos.

In meiner Zeit als Sommelier wurde mir meist die Frage gestellt: Welcher Wein passt zu diesem Gericht? Falls nicht, bin ich oft vorausgeeilt und empfahl einen Wein mit den Worten: Hierzu passt ganz ausgezeichnet dieser Wein. Anfangs wusste ich nur aus der Erfahrung heraus, was diese Worte bedeuten, konnte sie aber nicht ausdrücken. Später wurde diese Frage bei mir zur Obsession und ich wurde 40 Jahre lang nicht müde zu erklären, welche Wege man gehen kann, um den richtigen Wein zu jedweder Speise zu finden.

Die Möglichkeiten sind jedoch so umfangreich, dass es mehrere Bücher füllen würde, die Wege zum richtigen, passenden Wein zu finden, und es den Rahmen eines Kochbuchs mit Sicherheit sprengen würde. Ich möchte es ihnen hier so leicht wie möglich machen, deswegen gehen wir heute einen anderen Weg. Wir schließen einfach die Weine aus, die nicht zu den Speisen dieses Buches passen. Ein kleiner Wermutstropfen vorweg: Es gibt keinen Wein, der prinzipiell zu Wild, und es gibt auch keinen Wein, der prinzipiell zu Fisch passt. Es sind immer die Saucen und die Hauptaromen des Gerichts, die den Wein bestimmen.

Was allerdings in diesem Buch die Auswahl der Weine etwas einfacher macht, ist die Tatsache, dass Wildgerichte immer eher gehaltvoll sind und deshalb leichte Weine mit wenig Aromen und niedrigem Alkoholgehalt zumindest zu Wild eher nicht passen.

Beim Wildgeflügel und beim Fisch sieht es schon anders aus. Hier kommt zum Tragen, dass fast alle Rezepte in diesem Buch ohne scharfe Gewürze und ohne starke Röstaromen auskommen. Diese würden nach süßen und vollfruchtigen Weinen verlangen.

Wir können uns also komplett auf »trinkige«, mittelkräftige, trockene Weiß- und Roséweine für Fisch, Wildgeflügel und einige Kaninchengerichte konzentrieren.Beim Wild sind es trockene Rotweine mit mittlerem bis hohem Alkoholgehalt und angenehmen Tanninen, die zu fast allen Gerichten passen. Warum das so ist, und welche das sind, erfahren Sie in diesem Buch.

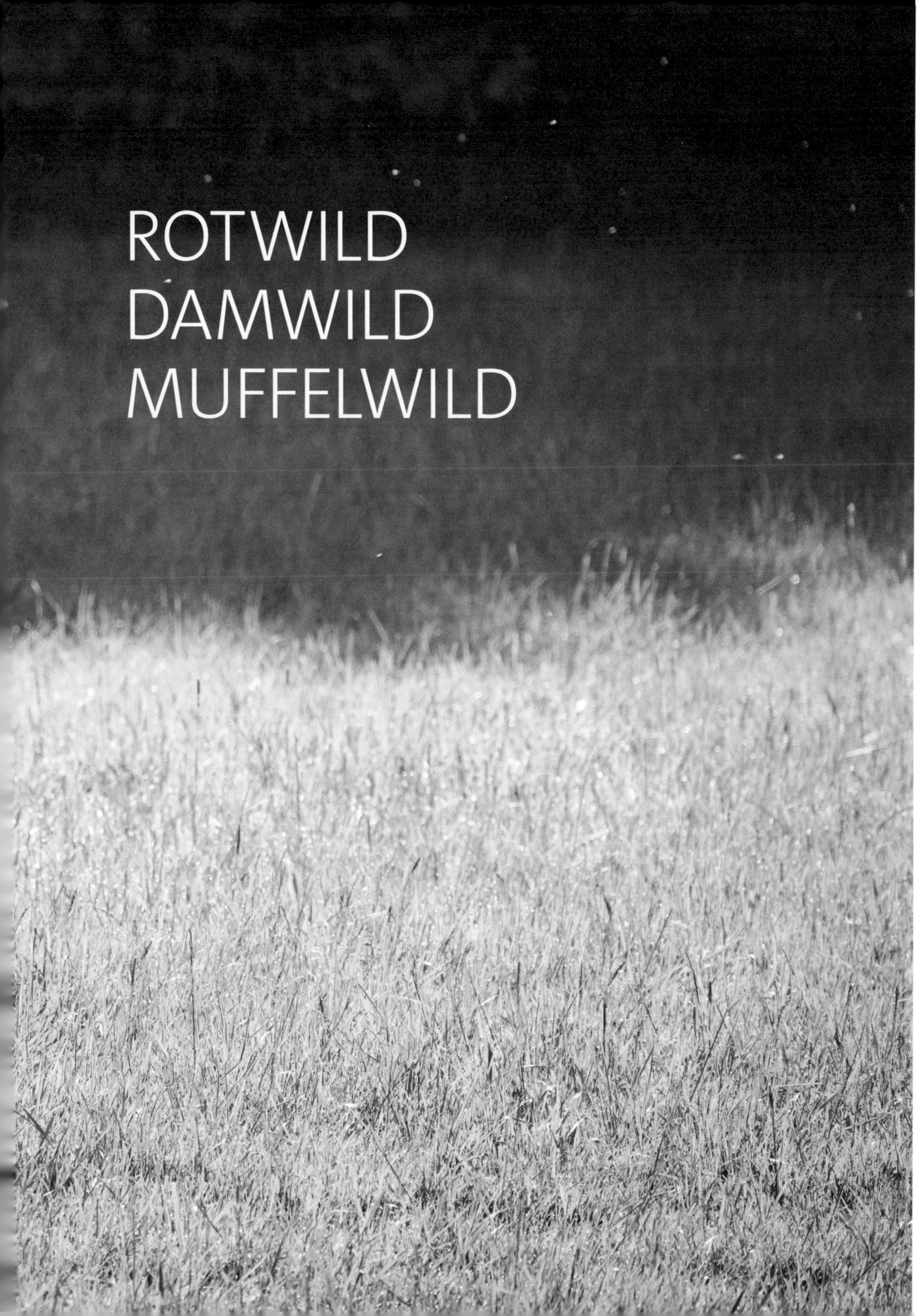

ROTWILD DAMWILD MUFFELWILD

DER ROTHIRSCH

Der Hirsch ist die größte heimische Wildart. Vom Wildkalb über das Alttier bis zum älteren Hirsch erreichen die Tiere ein Gewicht von 20–140 Kilogramm. In der Küche bevorzugt werden Kälber und einjährige Tiere – sie sind am schmackhaftesten. Das dunkel-rote, kräftige Wildbret vom Kalb ist besonders zart und fein. Und was kommt auf den Teller? Rücken, Keulen, Blätter, Filets, Medaillons, Schnitzel … Für Pasteten, Frikadellen, Rollbraten. Der Kreativität sind keine Grenzen gesetzt

DAMWILD UND MUFFEL

Das Gewicht des Wildbrets schwankt je nach Geschlecht und Alter. Es ist in der Küche vielseitig einsetzbar als Braten, Gulasch, Ragout, Pastete, Wildwurst … Damwild ist ein wenig kleiner als der Hirsch und kam mit den Römern über die Alpen zu uns. Damwild liefert aromatisches Fleisch mit typischem Wildgeschmack. Das Fleisch des Muffels lässt die enge Verwandtschaft zum Schaf erkennen. Wildfleischliebhaber schätzen die edlen Teile, aber auch Steaks oder Filets.

FRUCHTIGE ROTWEINE ZUM WILD

Château Cissac, Cru Bourgeois, Medoc, Bordeaux trocken ... Bei fruchtigen Rotweinen denkt man vielleicht nicht direkt an einen Bordeaux aus dem Medoc, aber genauso oft wird man eines Besseren belehrt. Als ideal empfinde ich in der Bordeaux Cuvée einen Merlotanteil von um die 20 Prozent, der sich im Chateau Cissac exakt widerspiegelt, denn der Merlot ist für die Fruchtigkeit zuständig.

Auch wenn der Alkoholgehalt von 13 Prozent es erst mal nicht erwarten lässt, ist der Château Cissac durchaus leicht trinkbar und hat nur wenig Ecken und Kanten, wenn man ihm ein wenig Zeit zum Atmen gibt. Deshalb ist es am besten, wenn man ihn vor dem Essen in eine Karaffe umfüllt.

Hierzu empfehlen sich die Gerichte, bei denen der Wildgeschmack im Vordergrund steht und auf den großzügigen Einsatz von schweren Saucen und kräftigen Gewürzen verzichtet wurde. In diesem Buch sind es Gerichte wie zum Beispiel der Hirschrücken im Baumkuchenmantel, das Filet vom Damwild an Pilzrisotto, die Rouladen vom Wildkalb oder der Grillspieß »Hawaii«.

SCHWERE ROTWEINE ZUM WILD

Elvio Cogno Barbaresco Bordini, Piemont Italien: Schwere Rotweine müssen keine Holzhammerweine sein, die eckig und kantig sind. Beim Trinken merkt man oft gar nicht sofort, ob es sich um einen schweren Rotwein handelt, wenn die Stilistik gleichzeitig elegant ist.

Ein Paradebeispiel hierfür ist der Barbaresco von Elvio Congo. Trotz seiner 14,5 Prozent Alkohol ist er angenehm trinkig und hat einen großen Nachgreifreflex. Seine Stärke und Kraft zeigt er erst als Speisenbegleiter. Hier hält er allem stand.

Hierbei ist es wichtig zu wissen, dass ein gehaltvoller Umgang mit Wildfleisch kein Fehler, sondern oft eine Tugend ist. Das soll heißen, dass rotes Wildfleisch eine Menge Gewürze und durchaus schwere Saucen weitaus besser verträgt als jedes andere Fleisch.

Wenn man jetzt ein solch rustikales Wildgericht auf dem Teller hat, lassen die meisten Weine ihre Flügel hängen und man bekommt das Gefühl, man hätte nur noch Wasser im Glas.

Anders bei diesem Barbaresco. Die kleinbeerigen Nebbiolotrauben, aus denen dieser Wein gemacht wurde, haben ihre Kraft und ihre Power in der dicken Schale und durch eine lange Maischestandzeit geht genau diese Kraft in den Wein über. Diese Kraft spüren Sie, wenn Wein und Speisen kombiniert werden. Hier findet ein Kampf statt, bei dem es nur Gewinner gibt.

Große Gerichte mit einem großen Wein lassen sich in diesem Buch zum Beispiel mit dem Senfrostbraten vom Hirsch mit Kräuterkartoffeln oder den Steaks vom Hirschkalb erleben.

HIRSCHRÜCKEN IM BAUMKUCHENMANTEL

Für 4 Personen | Zubereitungszeit: ca. 1 ½ Stunden

Für die Farce
100 g eiskaltes Fleisch vom ausgelösten Hirschrücken
100 g eiskalte Sahne

Für den Hirschrücken
800 g ausgelöster Hirschrücken
Salz
frisch gemahlener schwarzer Pfeffer
2 EL neutrales Pflanzenöl
150 g Fleischfarce (siehe Teilrezept oben)
feine Leberwurst

Für den Baumkuchen
200 g Butter
100 g weiches Marzipan
Saft von 1 Zitrone
1 Vanilleschote
Salz
100 g Eigelb (5–6 Eier Klasse M)
250 g Eiweiß (5–6 Eier Klasse M)
125 g Puderzucker
170 g Mehl Type 405
65 g gemahlene Mandeln
Rum

Zum Anrichten
in Butter geschwenkter Rosenkohl
Kartoffelklößchen mit Kürbiswürfeln
Kirschen oder rote Johannisbeeren

Farce: Das eiskalte Fleisch mit der Sahne in einem Mixbecher zu einer glatten Masse mixen und kalt stellen.

Hirschrücken: Den Hirschrücken sauber parieren und mit Salz und Pfeffer würzen. Das Öl in einer Pfanne erhitzen und den Rücken von allen Seiten darin kurz anbraten. Den Rücken kaltstellen.

Baumkuchen: Die Butter mit dem Marzipan, dem Zitronensaft, dem ausgekratzten Vanillemark, 1 Prise Salz und dem Zucker schaumig rühren. Nach und nach das Eigelb zufügen und gut unterrühren. Das Eiweiß mit dem Puderzucker steif schlagen und zusammen mit dem Mehl und den gemahlenen Mandeln unter die Eigelbmasse heben. Ein Backblech mit Backpapier auslegen. Die Teigmasse dünn auftragen und unter dem Grill braun backen. Anschließend eine weitere Teigschicht auftragen und braun backen, bis der ganze Teig aufgebraucht ist. Den Baumkuchen mit Rum beträufeln.

Fertigstellung: Den Hirschrücken dünn mit Leberwurst bestreichen und die Fleischfarce darauf verteilen. Den Baumkuchen passend um das Fleisch legen, dabei auf die Richtung der »Jahresringe« achten, die beim späteren Anschneiden sichtbar sein sollen. Das Ganze in Alufolie einpacken. Im auf 170 °C vorgeheizten Backofen (Ober-/Unterhitze) ca. 20 Minuten garen. Die Kerntemperatur sollte 54 °C betragen und mit einem Bratenthermometer kontrolliert werden. Anschließend den Hirschrücken 10 Minuten ruhen lassen, aus der Folie wickeln und aufschneiden.

Anrichten: Die Hirschrückentranchen auf die vorgewärmten Teller legen. Die Beilagen daneben anrichten. Mit Kirschen oder Johannisbeeren garnieren.

INVOLTINI VOM HIRSCH

Für 4 Personen | Zubereitungszeit: ca. 60 Minuten

Für die Involtini
½ Bund glatte Petersilie
100 g geriebener Parmesan
3 Eigelb (Klasse M)
50 g Semmelbrösel
Salz
frisch gemahlener schwarzer Pfeffer
8 dünne Scheiben Hirschkeule (à ca. 100 g)
200 g dünn aufgeschnittener Parmaschinken
2 EL neutrales Pflanzenöl
125 ml trockener Rotwein

Zum Anrichten
Gartengemüse (z. B. Karotten, Erbsen, Pilze)
Kartoffelpüree

Involtini: Die Petersilie waschen, trockenschütteln, die groben Stiele entfernen und den Rest fein hacken. Den Parmesan, das Eigelb, die Semmelbrösel und die Petersilie in eine Schüssel geben, mit Salz und Pfeffer würzen und zu einer festen Masse verkneten. Die Füllung in 8 Portionen aufteilen. Die Fleischscheiben zwischen 2 Lagen Frischhaltefolie legen und auf eine Stärke von ca. 5 mm plattieren. Die Scheiben mit Salz und Pfeffer würzen. Dann auf jede Fleischscheibe eine dünne Lage Parmaschinken und jeweils eine Portion Füllung legen. Anschließend die Scheiben fest aufrollen und mit Küchengarn oder Spießen fixieren. Das Öl in einer Pfanne erhitzen und die Involtini darin von allen Seiten anbraten. Mit dem Rotwein ablöschen und die Involtini 4–5 Minuten schmoren lassen. Vor dem Servieren das Küchengarn bzw. die Spieße entfernen.

Anrichten: Die Involtini auf den vorgewärmten Tellern anrichten. Das Kartoffelpüree rosettenförmig daneben spritzen. Das Gartengemüse daneben platzieren.

WILDCONSOMMÉ MIT STEINPILZKLÖSSCHEN UND ALTEM SHERRY

Für 4 Personen | Zubereitungszeit: mehrere Stunden

Für die Consommé:
2 Karotten
250 g Knollensellerie
½ Stange Lauch
ca. 2 kg Abschnitte und Knochen (Rotwild)
2 Lorbeerblätter
3 Nelken
1 Zweig glatte Petersilie
Salz
frisch geriebene Muskatnuss
alter Sherry

Für die Steinpilzklößchen
250 ml Vollmilch
Salz
frisch gemahlener schwarzer Pfeffer
frisch geriebene Muskatnuss
30 g Butter
100 g Semola oder Hartweizengrieß
15 g getrocknete, gehackte Steinpilze
1 Ei
1 EL gehackte glatte Petersilie
1 EL Schnittlauchröllchen

Zum Anrichten
frische Steinpilze, geputzt und in dünne Scheiben geschnitten

Consommé: Die Karotten und den Sellerie schälen, den Lauch putzen. Das Gemüse grob zerkleinern. Die Abschnitte und Knochen vom Rotwild in 5 l kaltem Wasser aufsetzen. Das Gemüse, die Lorbeerblätter, die Nelken und die Petersilie dazugeben. Die Suppe aufkochen und anschließend mehrere Stunden leicht köcheln lassen. Gegebenenfalls aufsteigenden Schaum mit einer Schaumkelle entfernen und bei Bedarf mit etwas Wasser auffüllen. Dann das Fleisch und das Gemüse entfernen und die Brühe bis auf etwa 2 l einreduzieren lassen. Die Reduktion durch ein Tuch oder ein feines Sieb passieren und mit Salz sowie Muskat abschmecken. Vor dem Servieren die Consommé nochmals erhitzen und mit etwas Sherry abschmecken.

Steinpilzklößchen: Die Milch mit Salz, Pfeffer und Muskatnuss würzen und mit der Butter einmal aufkochen lassen. Den Grieß langsam einrühren und die Steinpilze zugeben. Langsam weiterrühren, bis sich am Boden ein weißer Belag bildet. Die Masse etwas abkühlen lassen, dann das Ei und die Kräuter einrühren. In einem großen Topf Salzwasser zum Kochen bringen. Kleine Klößchen formen und im köchelnden Wasser gar ziehen lassen, bis sie oben schwimmen. Die Klößchen mit einem Schaumlöffel aus dem Wasser heben und etwas abtropfen lassen.

Anrichten: Die Klößchen und die in dünne Scheiben geschnittenen Steinpilze auf Suppentassen verteilen. Die heiße Consommé am Tisch darauf gießen.

DAMWILDSPIESS AUF BULGUR

Für 4 Personen | Zubereitungszeit: ca. 30 Minuten

Für die Damwildspieße
800 g Fleisch ohne Knochen (Keule)
Salz
frisch gemahlener schwarzer Pfeffer
neutrales Pflanzenöl zum Anbraten
4 Spieße

Für den Bulgur
1 mittelgroße Zwiebel
50 ml Olivenöl
200 g grober Bulgur
1 EL Tomatenmark
500 ml Gemüsebrühe
Salz
frisch gemahlener schwarzer Pfeffer

Zum Anrichten
Basilikum- oder Petersilienpesto
Tomatenkonfit
Mangoldgemüse

Damwildspieße: Das Fleisch sauber parieren und in ca. 50 g große Würfel schneiden. Die Fleischwürfel auf die Spieße stecken. Anschließend die Spieße mit Salz und Pfeffer würzen. Das Öl in einer ofenfesten Grillpfanne erhitzen und die Spieße darin rundherum anbraten. Anschließend die Spieße für 10 Minuten im auf 160 °C vorgeheizten Backofen (Ober-/Unterhitze) garen. Alternativ können die Spieße auch auf dem Grill gegart werden. Dazu die Spieße vorher etwas einölen und ca. 10 Minuten grillen.

Bulgur: Die Zwiebel abziehen und in feine Würfel schneiden. Das Olivenöl in einem Topf bei mittlerer Temperatur erhitzen und die Zwiebelwürfel anschwitzen. Den Bulgur zugeben und ebenfalls anschwitzen, bis er leicht glasig wird. 1 EL Tomatenmark zugeben, kurz mit anschwitzen und mit der Gemüsebrühe ablöschen. Den Bulgur unter Rühren 10 Minuten köcheln lassen. Abschließend mit Salz und Pfeffer abschmecken.

Anrichten: Den Bulgur auf die Teller verteilen und das Pesto, das Konfit und das Mangoldgemüse daraufgeben. Den Damwildspieß darauflegen.

FILET VOM DAMWILD AN PILZRISOTTO

Für 4 Personen | Zubereitungszeit: ca. 45 Minuten

Für das Filet vom Damwild an Pilzrisotto

3 Schalotten
2 Knoblauchzehen
1 Bund glatte Petersilie
2 Zweige Rosmarin
50 g Butter
5 EL Olivenöl
200 g Risottoreis (Arborio oder Carnaroli)
750 ml Gemüsebrühe
Salz
frisch gemahlener schwarzer Pfeffer
50 g Quittengelée
12 Kirschtomaten
500 g ausgelöstes Rückenfilet
150 g Pilze nach Wahl (z. B. Pfifferlinge, Steinpilze, Braunkappen)

Filet vom Damwild an Pilzrisotto: Die Schalotten und den Knoblauch abziehen. Die Schalotten in feine Würfel schneiden, den Knoblauch mit der flachen Seite eines großen Messers zerdrücken. Die Petersilie und den Rosmarin waschen, trockenschütteln, die Blätter der Petersilie und die Nadeln von 1 Zweig Rosmarin abzupfen und fein hacken. 20 g Butter und 2 EL Öl in einem Topf erhitzen und die Schalotten sowie den Knoblauch glasig dünsten. 1 EL gehackten Rosmarin und den Reis zugeben und kurz mitdünsten. Mit 200 ml heißer Brühe auffüllen und unter Rühren etwa 20 Minuten kochen, dabei nach und nach die restliche heiße Brühe angießen. Mit etwas Salz und reichlich Pfeffer würzen. Kurz vor Ende der Garzeit das Quittengelee und die Kirschtomaten unterheben.

In einer Pfanne die restliche Butter (30 g) und das restliche Öl (3 EL) erhitzen. Das sauber parierte Rückenfilet rundherum gut anbraten. Bei reduzierter Temperatur etwa 5 Minuten weiter braten, dabei einmal wenden. Anschließend salzen und pfeffern. Das Filet dann herausnehmen, in Alufolie einschlagen und im warmen Backofen etwa 10 Minuten ruhen lassen. Vor dem Servieren schräg aufschneiden.

Die geputzten Pilze und den restlichen Rosmarinzweig in den Bratfond geben und bei milder Hitze etwa 5 Minuten dünsten. Den Rosmarinzweig entfernen, die Pilze mit Salz und Pfeffer abschmecken und unter den Risotto heben.

Anrichten: Den Risotto auf die vorgewärmten Teller verteilen und die schräg angeschnittenen Fleischtranchen darauf anrichten.

MEDAILLONS VOM MUFFEL

Für 4 Personen | Zubereitungszeit: ca. 30 Minuten

Für die Medaillons vom Muffel
650 g parierter Mufflonrücken
1 EL neutrales Pflanzenöl
1 EL Butter
2 Zweige Rosmarin
Salz
frisch gemahlener schwarzer Pfeffer

Für das Zucchinigemüse
1 Bund Frühlingszwiebeln
1 Knoblauchzehe
2 Zucchini
250 g Holzraslinge
2 Tomaten
2 EL Olivenöl
Salz
frisch gemahlener schwarzer Pfeffer

Zum Anrichten
Tomatensauce
frittierter Rosmarin oder Salbei

Medaillons vom Muffel: Den Mufflonrücken in Medaillons von je 70 g schneiden und leicht klopfen. Das Öl in einer Pfanne erhitzen und die Medaillons von beiden Seiten 30 Sekunden anbraten. Nach dem Wenden die Butter und die Rosmarinzweige hinzugeben. Mit Salz und Pfeffer würzen.

Zucchinigemüse: Die Frühlingszwiebeln putzen und in Ringe schneiden. Den Knoblauch abziehen und in feine Würfel schneiden. Die Zucchini, die Holzraslinge und die Tomaten putzen und in mundgerechte Stücke schneiden. Das Olivenöl erhitzen und den Knoblauch und die Frühlingszwiebeln anschwitzen. Das Gemüse zugeben. Mit Salz und Pfeffer abschmecken.

Anrichten: Das Zucchinigemüse auf vorgewärmten Tellern anrichten und die Muffelmedaillons daraufsetzen. Etwas Tomatensauce dazugeben und nach Belieben mit frittiertem Rosmarin oder Salbei garnieren.

ROULADEN VOM WILDKALB MIT KOHLRABISTIFTEN UND EINER PREISELBEERSAUCE

Für 4 Personen | Zubereitungszeit: ca. 60 Minuten

Für die Rouladen vom Wildkalb

1 rote Paprikaschote
1 gelbe Paprikaschote
1 Stange Lauch
2 Karotten
8 Steaks aus der Damwildkeule (Oberschale, Unterschale oder Nuss)
8 Scheiben Bacon
2 EL Dijon-Senf
Salz
frisch gemahlener schwarzer Pfeffer
2 EL neutrales Pflanzenöl
1 Zweig Rosmarin
1 Zweig Thymian
Holzspieße

Für die Preiselbeersauce

3 Schalotten
100 ml Rotwein
1 Lorbeerblatt
300 ml dunkler Wildfond
3 EL Preiselbeerkompott
Salz
1 TL Maisstärkemehl (optional)

Für die Kohlrabistifte

2 Kohlrabi
1 Zwiebel
2 EL Butter
Salz
frisch geriebene Muskatnuss
1 EL Mehl Type 405
½ Bund glatte Petersilie

Zum Anrichten

Kartoffelpüree
Thymianzweig

Rouladen vom Wildkalb: Die Paprika waschen und entkernen, den Lauch putzen, die Karotten schälen. Das Gemüse in feine Streifen schneiden und in kochendem Salzwasser kurz blanchieren. Mit einem Schaumlöffel aus dem Wasser heben und in Eiswasser abkühlen. Anschließend gut abtropfen lassen.

Die Steaks zwischen 2 Lagen Frischhaltefolie sehr flachklopfen. Je eine Scheibe Bacon auf die Fleischscheiben legen und dünn mit Dijon-Senf bestreichen. Mit Pfeffer und etwas Salz würzen. Die Gemüsestreifen gleichmäßig auflegen, das Fleisch aufrollen und mit Küchengarn oder einem Holzspieß fixieren. In einer ofenfesten Pfanne das Öl erhitzen und die Rouladen rundherum gleichmäßig anbraten. Die Kräuter zugeben und die Pfanne für 15–20 Minuten in den auf 160 °C vorgeheizten Backofen (Ober-/Unterhitze) stellen. Dann die Rouladen aus dem Ofen nehmen und 3–4 Minuten ruhen lassen. Die Spieße bzw. das Küchengarn entfernen und jede Roulade schräg in drei dicke Scheiben aufschneiden.

Preiselbeersauce: Die Schalotten abziehen und in sehr feine Würfel schneiden. Den Rotwein zusammen mit den Schalotten und dem Lorbeerblatt auf ein Viertel einkochen. Den Wildfond zugeben und das ganze um die Hälfte reduzieren lassen. Dann das Preiselbeerkompott unterrühren und kurz aufkochen. Die Sauce mit Salz abschmecken und nach Belieben mit dem Maisstärkemehl binden.

Kohlrabistifte: Die Kohlrabis schälen, alle holzigen Anteile entfernen und in gleichmäßige Stifte schneiden. Die Zwiebel abziehen und in feine Würfel schneiden. 1 EL Butter in einem Topf erhitzen und die Zwiebelwürfel darin anschwitzen.

Die Kohlrabistifte zugeben und mit Salz und Muskatnuss würzen. Etwas Wasser angießen und bei geschlossenem Deckel 4–5 Minuten bissfest dünsten. Das Kochwasser abgießen und dabei auffangen. Die restliche Butter (1 EL) in einem Topf erhitzen und das Mehl unterrühren. Mit dem Kochwasser aufgießen und eine leichte Mehlschwitze herstellen. Die Petersilie waschen, trockenschütteln, die groben Stiele entfernen und den Rest fein hacken. Die Kohlrabistifte und die Petersilie unterrühren, nochmals gut erhitzen und abschmecken.

Anrichten: Das Kartoffelpüree auf die vorgewärmten Teller aufspritzen. Die Fleischtranchen mit der Schnittfläche nach oben daneben platzieren. Etwas Sauce angießen. Die Kohlrabistifte daneben anrichten. Mit einem Thymianzweig garnieren.

SENFROSTBRATEN VOM HIRSCH MIT KRÄUTERKARTOFFELN

Für 4 Personen | Zubereitungszeit: ca. 45 Minuten

Für die Kräuterkartoffeln

800 g vorgekochte festkochende Kartoffeln
1 Zweig Salbei
1 Zweig Thymian
½ Bund glatte Petersilie
3 EL neutrales Pflanzenöl
1 EL Butter
Salz
frisch gemahlener schwarzer Pfeffer

Für den Senfrostbraten

4 fingerdicke Fleischscheiben (à ca. 200 g; Keule oder Rücken)
Salz
frisch gemahlener schwarzer Pfeffer
2 Zwiebeln
Mehl zum Bestäuben
4 EL mittelscharfer Senf (z. B. Kühne)
2 EL neutrales Pflanzenöl

Zum Anrichten

gehackte, glatte Petersilie

Kräuterkartoffeln: Die Kartoffeln in Scheiben schneiden. Die Kräuter waschen, trockenschütteln, soweit erforderlich abzupfen und fein hacken. Das Öl in einer Pfanne erhitzen und die Kartoffelscheiben darin anbraten. Sobald die Kartoffeln Farbe annehmen, die Kräuter untermischen. Kurz vor dem Servieren die Butter zugeben und mit Salz und Pfeffer würzen.

Senfrostbraten: Die Fleischscheiben zwischen 2 Lagen Frischhaltefolie flachklopfen und mit Salz sowie Pfeffer würzen. Die Zwiebeln abziehen und in feine Würfel schneiden. Eine dicke Schicht Mehl in eine flache Schale geben. Eine Seite der Steaks dünn mit Senf bestreichen, die Zwiebelwürfel darauf streuen und leicht andrücken. Anschließend die Seite mit der Zwiebel-Senf-Schicht in die Mehlschicht drücken. Das Öl in der Pfanne erhitzen und die Steaks 2 Minuten mit der Senfschicht nach unten braten. Wenn die Bratenstücke eine goldgelbe Farbe erreicht haben und die Zwiebeln gar sind, die Steaks wenden und etwa 1½ Minuten von der anderen Seite braten. Die Steaks nur einmal wenden, da sich die Senfschicht vom Fleisch lösen könnte.

Anrichten: Die Kräuterkartoffeln auf die Teller portionieren und den Senfrostbraten daneben anrichten. Mit Kirschtomaten und Petersilie garnieren.

STEAKS VOM HIRSCHKALB IN EINER COGNAC-PFEFFER-SAUCE MIT WIRSING-TIMBALE

Für 4 Personen | Zubereitungszeit: ca. 60 Minuten

Für die Wirsing-Timbale
1 Wirsingkopf
1 große Zwiebel
150 g durchwachsener Speck
2 EL weiche Butter
200 ml Sahne
1 TL Maisstärkemehl
Salz
frisch gemahlener schwarzer Pfeffer
gemahlener Kümmel

Für die Cognac-Pfeffer-Sauce
4 Schalotten
200 ml trockener Rotwein
400 ml dunkler Wildfond
100 ml Sahne
Salz
Maisstärkemehl (optional)
3 EL grüne Pfefferkörner in Lake
50 ml Cognac

Für die Steaks vom Hirschkalb
2 EL Rapsöl
8 Steaks (à 100 g; aus der Oberschale)
Salz
geschroteter schwarzer Pfeffer

Zum Anrichten
Kartoffelpüree

Wirsing-Timbale: Vier äußere Blätter des Wirsingkopfes lösen und die dicken Strünke entfernen. In einem großen Topf Salzwasser zum Kochen bringen und die Blätter etwa 5 Minuten darin blanchieren. Die Blätter dann in Eiswasser abschrecken und auf einem Küchentuch abtropfen lassen. Den restlichen Wirsingkopf halbieren und den Strunk entfernen. Die beiden Hälften des Wirsingkopfes in 1 cm große Würfel schneiden. Die Zwiebel abziehen und zusammen mit dem Speck in feine Würfel schneiden. Die Butter in einem Topf erhitzen und die Zwiebel- und Speckwürfel darin anschwitzen. Dann die Wirsingwürfel zugeben und unter Rühren etwas anbraten. Die Sahne angießen und das in etwas kaltem Wasser angerührte Maisstärkemehl unterrühren. Den Wirsing 6–7 Minuten garen. Anschließend mit Salz, Pfeffer und Kümmel abschmecken.

Eine Suppenkelle sorgfältig deckend mit einem blanchierten Wirsingblatt auslegen. Den Rahmwirsing einfüllen, die überstehenden Enden des Wirsingblattes deckend einschlagen und auf ein ofenfestes Blech stürzen. Mit den restlichen Wirsingblätter und der restlichen Füllung ebenso verfahren. Die Oberfläche der Timbalen leicht buttern und vor dem Servieren im Ofen erhitzen.

Cognac-Pfeffer-Sauce: Die Schalotten abziehen und in feine Würfel schneiden. Den Rotwein zusammen mit den Schalottenwürfeln um ¾ reduzieren lassen. Mit dem Wildfond auffüllen und nochmals um die Hälfte reduzieren. Die Sahne angießen und mit Salz abschmecken. Bei Bedarf das Maisstärkemehl in etwas kaltem Wasser anrühren und zum Binden unter die Sauce rühren. Die Pfefferkörner in ein Sieb geben, mit Wasser spülen und dann in die Sauce rühren.

Anschließend die Sauce ca. 2–3 Minuten köcheln lassen. Vor dem Servieren mit dem Cognac abschmecken und nochmals kurz aufkochen.

Steaks vom Hirschkalb: Das Öl in einer Pfanne stark erhitzen. Die Steaks mit der Hand leicht flach drücken. Mit Salz und dem geschroteten Pfeffer würzen und sofort in die heiße Pfanne geben. (Steaks nicht gewürzt liegen lassen, es könnte Fleischsaft austreten). Die Steaks auf beiden Seiten 2–3 Minuten braten. (Nur einmal wenden!) Vor dem Servieren kurz ruhen lassen.

Anrichten: Die Wirsing-Timbale auf den vorgewärmten Tellern platzieren. Die Steaks daneben anrichten und etwas Sauce angießen. Mit Kartoffelpüree servieren..

MARINIERTER TAFELSPITZ VOM HIRSCH

Für 4 Personen | Zubereitungszeit: ca. 120 Minuten plus mehrere Stunden Kühlzeit

Marinierter Tafelspitz

1 Karotte
½ Knollensellerie
2 Zwiebeln
1 Stange Lauch
ca. 1 kg Hirschkeule (z. B. Spitze der Unterschale)
Salz
½ Bund glatte Petersilie
4 Lorbeerblätter
4 Wacholderbeeren
2 Schalotten
6 EL Sonnenblumen oder Rapsöl
3 EL milden Estragonessig
1 EL Dijon-Senf
frisch gemahlener schwarzer Pfeffer
1 Prise Zucker
½ Bund Schnittlauch
1 Tomate
2 hart gekochte Eier

Zum Anrichten

Kartoffelsalat oder Bratkartoffeln
Blattsalat
Kresse
Schnittlauchhalme mit Knospen

TIPP

Die Brühe, die beim Kochen des Fleisches entsteht, ist eine gute Grundlage für eine kräftige Wildsuppe.

Marinierter Tafelspitz: Die Karotte und den Sellerie schälen, die Zwiebel abziehen. Den Lauch putzen und waschen. Das Gemüse in grobe Würfel schneiden und zusammen mit dem Fleisch in einen großen Topf geben. Mit Wasser auffüllen, bis das Fleisch zu schwimmen beginnt. Salz zugeben und alles zum Kochen bringen. Das Fleisch 30 Minuten köcheln lassen und dabei aufsteigendes Eiweiß mit einer Schaumkelle entfernen. Die Petersilie waschen, trockenschütteln, die Blätter abzupfen und beiseitelegen. Die groben Petersilienstängel, die Lorbeerblätter und die Wacholderbeeren zugeben und etwa 1½ Stunden weiter köcheln lassen, bis das Fleisch zart ist (Gabelstichprobe). Das Fleisch aus der Brühe heben, abtropfen lassen und zum Auskühlen abgedeckt beiseitelegen. Die Wildbrühe durch ein Sieb gießen und beiseitestellen.

Die Schalotten abziehen und fein hacken. Das Öl, den Essig, 3 EL Wildbrühe, die Schalotten und den Dijon-Senf in eine Schüssel geben und gut verrühren. Mit Salz, Pfeffer und dem Zucker würzen. Die beiseitegestellten Petersilienblätter fein hacken. Den Schnittlauch waschen, trockenschütteln und in feine Röllchen schneiden. Die Tomate waschen, entkernen und das Fruchtfleisch in feine Würfel schneiden. Die Eier schälen und fein hacken. Die Kräuter, die Tomatenwürfel und die Eier in die Marinade geben und vorsichtig mit einem Löffel unterheben.

Anrichten: Der Tafelspitz muss zum Aufschneiden gut durchgekühlt sein. Mit einer Aufschnittmaschine oder einem scharfen Messer dünne Scheiben aufschneiden. Die Teller dekorativ damit belegen, Mittig etwas Blattsalat anrichten und die Vinaigrette gleichmäßig über den Tafelspitz verteilen. Mit etwas Kresse und Schnittlauchhalmen garnieren. Die gewählte Beilage in einer separaten Schale dazu servieren

GESCHMORTE HIRSCHHAXE

Für 4 Personen | Zubereitungszeit: ca. 240 Minuten

Für die geschmorte Hirschhaxe

2 Hirschhaxen mit Beinfleisch (vom Schmalspießer)
Salz
frisch gemahlener schwarzer Pfeffer
2 Zwiebeln
6 Knoblauchzehen
1 Karotte
1 Chilischote
neutrales Pflanzenöl
2 EL Tomatenmark
400 ml halbtrockener Rotwein
2 Zweige Rosmarin
4 Lorbeerblätter
2 EL Johannisbeergelee
Fleisch- oder Gemüsebrühe nach Bedarf
dunkler Saucenbinder (optional)

Zum Anrichten

Geschmorte Hirschhaxe: Die Hirschhaxen mit Salz und grob gemahlenem Pfeffer würzen. Die Zwiebeln und den Knoblauch abziehen, die Karotte schälen und alles in feine Würfel schneiden. Die Chilischote waschen, entkernen und in Ringe schneiden. Das Öl in einem Bräter erhitzen, die Haxen von allen Seiten anbraten, aus dem Bräter nehmen und beiseitestellen. Dann die Gemüsewürfel anbraten. Anschließend das Tomatenmark, die Chilischote und das Johannisbeergelee zugeben. Alles kurz anschwitzen und mit dem Rotwein ablöschen. Die Gewürze und Kräuter zugeben. Die Flüssigkeit um die Hälfte reduzieren und die Haxen wieder in den Bräter geben. So viel Brühe aufgießen, dass die Haxen zur Hälfte in der Flüssigkeit liegen. Den Bräter ohne Deckel für 90 Minuten in den auf 180 °C vorgeheizten Backofen (Ober-/Unterhitze) stellen. Anschließend die Haxen wenden, gegebenenfalls Flüssigkeit nachgießen und dann weitere 90–120 Minuten mit Deckel schmoren lassen. Durch eine Gabelstichprobe prüfen, ob das Fleisch gar ist. Wenn das Fleisch keinen Widerstand bietet, ist die Haxe gar. Dann die Haxen entnehmen und den Bratenfond durch ein feines Sieb in einen Topf passieren. Die Sauce nochmals abschmecken und nach Wunsch mit etwas Saucenbinder abbinden. Vor dem Servieren die Haxen aufschneiden.

Anrichten: Die Haxenteile auf den Tellern anrichten und reichlich Sauce darübergeben.

TIPP

Vor dem Servieren können zum Abrunden noch 2 EL Crème fraîche unter die Sauce gerührt werden.

KESSELGULASCH VOM WILD

Für 4 Personen | Zubereitungszeit: ca. 150 Minuten

Für das Kesselgulasch
je 500 g Fleisch von Reh, Hirsch und Wildschwein
2 rote Paprikaschoten
2 gelbe Paprikaschoten
2 Karotten
½ Sellerieknolle
6 Zwiebeln
4 Knoblauchzehen
150 g Butter
4 EL Tomatenmark
2 Lorbeerblätter
6 Wacholderbeeren
1 EL rosenscharfes Paprikapulver
2 EL edelsüßes Paprikapulver
½ EL Kümmelsamen
Abrieb von 1 Zitrone
Salz
frisch gemahlener schwarzer Pfeffer
1,5 l Fleischbrühe oder Wasser

Zum Anrichten
frisches Weißbrot

Kesselgulasch: Das Fleisch sauber parieren und in Würfel schneiden. Die Paprikaschoten waschen, halbieren und entkernen. Die Karotten und den Sellerie schälen. Die Zwiebeln abziehen. Das Gemüse in Würfel schneiden. Den Knoblauch abziehen und in feine Würfel schneiden. Die Butter in einem großen Topf erhitzen und den Knoblauch anbraten. Das Tomatenmark zugeben und ebenfalls anbraten. Anschließend das Fleisch, das Gemüse und die Gewürze zugeben. Alles zusammen für ca. 5 Minuten anschwitzen und dann mit der Brühe auffüllen. Das Kesselgulasch 1–2 Stunden leicht köcheln lassen, bis das Fleisch weich ist.

Anrichten: Das Gulasch auf die Teller verteilen und mit Weißbrot servieren.

45

SAUERBRATEN VOM BRUNFTHIRSCH MIT APFEL-INGWER-KOMPOTT

Für 4 Personen | Zubereitungszeit: 3 Stunden plus 1 Woche zum Marinieren

Für die Marinade und das Fleisch

400 ml Branntweinessig
200 g Zucker
20 g Salz
etwa 10 getrocknte Wacholderbeeren
einige Thymian- und Rosmarinzweige
6 Gewürznelken
5 getrocknete Lorbeerblätter
1 Zwiebel
1 Karotte
1 Knolle Sellerie
etwa 1,2 kg küchenfertige Schulter vom Hirsch
frisch gemahlener schwarzer Pfeffer
2 EL Pflanzenöl
2 EL Tomatenmark
500 ml trockener Rotwein
500 ml Wildfond
50 g Rosinen

Für das Apfel-Ingwer-Kompott

5 Äpfel (Granny Smith)
30 g frischer Ingwer
40 g Butter
100 g Zucker
50 ml trockener Weißwein

Marinade und Fleisch: Den Essig mit 2 l Wasser in einen großen Topf geben. Den Zucker und das Salz dazugeben. Die Wacholderbeeren, die Kräuterzweige, die Gewürznelken und die Lorbeerbläter hineingeben. Die Zwiebel schälen und in Würfel schneiden. Die Karotte und den Sellerie putzen, schälen und ebenfalls in Würfel schneiden. Alles in den Topf geben und die Flüssigkeit aufkochen. Die Marinade 10 Minuten köcheln lassen, dann vom Herd nehmen und abkühlen lassen.

Das Fleisch in ein großes Glas- oder Keramikgefäß legen, mit der abgekühlten Marinade übergießen und das Gefäß mit dem Deckel verschließen. Das Gefäß für 1 Woche in den Kühlschrank stellen, das Fleisch dabei mehrmals wenden.

Vor der Zubereitung das Fleisch aus der Marinade nehmen und trockentupfen. Rundherum mit Pfeffer würzen. Die Marinade durch ein Sieb gießen und das Gemüse aufbewahren. Das Pflanzenöl in einem großen Bräter erhitzen. Das Fleisch darin von allen Seiten anbraten, dann aus dem Bräter nehmen. Das Tomatenmark und das Gemüse aus der Marinade hineingeben und unter Rühren anbraten, anschließend mit dem Rotwein ablöschen und diesen reduzieren. Mit dem heißen Wildfond aufgießen und aufkochen, dann das Fleisch zurück in den Bräter legen. Das Fleisch (im auf 150 °C vorgeheizten Backofen (Umluft) 2–2½ Stunden sanft schmoren, bis es ganz weich ist. Die Sauce durch ein Sieb passieren und mit Salz und Pfeffer würzen, dann die Rosinen unterrühren. Nach Belieben mit etwas Speisestärke binden.

Apfel-Ingwer-Kompott: DieÄpfel und den Ingwer schälen und in feine Würfel schneiden. Die Butter in einem Topf schmelzen lassen. Den Zucker hineingeben und karamellisieren.

Die Hälfte der Apfelwürfel und des Ingwers mit dem Weißwein in den karamellisierten Zucker geben und darin weich kochen, dann erst die restlichen Apfelwürfel und den restlichen Ingwer hinzugeben. Den Topfinhalt köcheln lassen, bis auch die zuletzt dazugegebenen Apfelwürfel fast weich sind, dann pürieren.

Anrichten: Das Fleisch zum Servieren in Scheiben schneiden. Nach Belieben mit Salzkartoffeln und dem Apfel-Ingwer-Kompott anrichten.

TIPP

Das Wildbret brunftiger männlicher Tiere hat im Allgemeinen einen herben Eigengeschmack. Bei diesem Gericht wird dieser Eigengeschmack von der kräftigen Marinade und dem Apfel-Ingwer-Kompott überdeckt.

»VITELLO TONNATO« VOM WILD

Für 4 Personen | Zubereitungszeit: ca. 1 Stunde plus einige Stunden Abkühlzeit

Für das »Vitello tonnato« vom Wild

800 g pariertes Fleisch aus der Keule (Hirsch oder Wildschwein)
Salz
frisch gemahlener schwarzer Pfeffer
1 EL Rapsöl
200 g Mayonnaise
2 Dosen Thunfisch (à 130 Abtropfgewicht, im eigenen Saft)
2 EL Kapern
1 Spritzer Zitronensaft
1 Schuss trockener Weißwein

Zum Anrichten

Kapernäpfel
Spalten von 1 unbehandelten Zitrone
Weißbrot

»Vitello tonnato« vom Wild: Das Fleisch mit Salz und Pfeffer würzen. Das Rapsöl in einem Bräter erhitzen. Das Fleisch darin von beiden Seiten kurz anbraten, anschließend im auf 130 °C vorgeheizten Backofen (Umluft) 20–30 Minuten garen. Die Kerntemperatur sollte dabei 54 °C (dazu ein Bratenthermometer verwenden) nicht überschreiten. Das Fleisch komplett auskühlen lassen. Das Fleisch am besten mit einer Aufschnittmaschine in sehr dünne Scheiben schneiden.

Die Mayonnaise, den gut abgetropften Thunfisch, die abgetropften Kapern, den Zitronensaft und den Weißwein in einen Mixer geben und bis zu einer cremigen Konsistenz auf höchster Stufe mixen. Die Thunfischsauce mit Salz und Pfeffer abschmecken. Die Fleischscheiben rosettenartig auf die Teller legen und die Sauce darübergeben.

Anrichten: Die Teller mit den Zitronenspalten und den Kapernäpfeln garnieren und zusammen mit dem Weißbrot servieren.

TIPP

Das Fleisch lässt sich am besten sehr dünn aufschneiden, wenn es bereits am Vortag gegart, ausgekühlt und über Nacht durchgekühlt wird.

WILDLAMM IM WOK

Für 4 Personen | Zubereitungszeit: ca. 30 Minuten

Für das Wildlamm
1 mittelgroße Zwiebel
150 g Karotten
1 rote Paprikaschote
100 g Brokkoliröschen
150 g Shiitakepilze
100 g Mungobohnensprossen
100 g Lotuswurzel
100 g Palmherzen
600 g Fleisch ohne Knochen (Wildlamm)
2 EL Sesamöl
grobes Currypulver
Salz
Gemüsebrühe nach Bedarf
Sojasauce
Austernsauce
Sweet Chili Sauce
2 EL Maisstärkemehl (optional)

Wildlamm: Die Zwiebel abziehen und in feine Würfel schneiden. Die Karotten schälen, die Paprika putzen und entkernen, den Brokkoli und die Pilze putzen. Alles in feine Streifen schneiden. Die Sprossen waschen und gut abtropfen lassen. Die Lotuswurzel und die Palmherzen in feine Streifen schneiden. Das Fleisch in dünne Streifen schneiden. 1 EL Sesamöl im Wok erhitzen, die Fleischstreifen etwa 3–4 Minuten anbraten, entnehmen und beiseitestellen. Das restliche Sesamöl (1 EL) im Wok erhitzen. Die rohen Gemüsesorten (Zwiebeln, Karotten, Paprika, Shiitakepilze, Brokkoli, Lotuswurzel) gut anbraten. Dann die beiseitegestellten Fleischstreifen, die Palmherzen und die Sprossen zugeben und unterrühren. Mit grobem Curry und Salz würzen und mit der Gemüsebrühe ablöschen. Je einen Schuss Soja-, Austern- und Sweet Chili-Sauce zugeben und aufkochen. Bei Bedarf die mit etwas mit Wasser angerührte Speisestärke zum Binden unterrühren. Das Ganze für etwa 8–10 Minuten köcheln lassen.

TIPPS

Die ursprünglich aus dem Irak und Indien stammenden Lotuswurzeln gehören zu den Seerosengewächsen und werden vor allem in Südostasien angebaut. Lotuswurzeln sind reich an Vitaminen, Nähr- und Mineralstoffen. Erhältlich sind sie eingelegt als Konserve, frisch in Scheiben geschnitten oder als ganze Wurzel im Asialaden, im Online-Handel oder gelegentlich auch in gut sortierten Supermärkten. Beim Kauf ganzer Rhizome sollte darauf geachtet werden, dass diese fest und von einer glatten, unversehrten Haut umhüllt sind.

INFO

Palmherzen stammen aus Südamerika. Es handelt sich dabei um die Markstangen aus der Spitze von Jungpalmen. Die Gewinnung ist aufwendig, da für 1 Kilogramm Palmherzen etwa 2 Palmen gerodet werden müssen. Hierzulande sind sie in der Regel. nur als Konserve verfügbar, da sie erntefrisch verzehrt werden müssen. Geschmacklich erinnern sie an Spargel und Artischocke.

GRILLSPIESS »HAWAII«

Für 4 Personen | Zubereitungszeit: ca. 30 Minuten plus mehrere Stunden Marinierzeit.

Für den Grillspieß »Hawaii«
500 g Fleisch aus der Keule (Schalenwild)
1 frische Ananas
150 g Baconstreifen
Salz
frisch gemahlener schwarzer Pfeffer
5 EL Olivenöl
grob gemahlenes Currypulver
2 Rosmarinzweige
8 Schaschlikspieße

Zum Anrichten
rote und gelbe Paprikawürfel
Salatblätter

Grillspieß »Hawaii« mit Wildbret: Das Fleisch sauber parieren und in gleichmäßige Würfel schneiden. Die Ananas schälen, den Mittelstrunk entfernen und das Fruchtfleisch in Würfel entsprechender Größe schneiden. Die Fleisch- und Ananaswürfel abwechselnd auf die Spieße stecken. Dabei den Bacon wellenförmig um Ananas und Fleischwürfel winden. Mit Salz und Pfeffer würzen. Das Olivenöl mit dem Currypulver zu einer Marinade verrühren. Die Spieße mit den Rosmarinzweigen in eine flache Schale legen und die Marinade darübegeben. Mit Frischhaltefolie abdecken und 5–6 Stunden kühl gestellt marinieren lassen. Die Spieße dann nach Wunsch in einer Grillpfanne braten oder grillen.

Anrichten: Je 2 Spieße auf den vorgewärmten Tellern anrichten.

LASAGNE VON HIRSCH UND WILDSCHWEIN MIT SCHEIBEN VON SERVIETTENKNÖDELN

Für 4 Personen | Zubereitungszeit: ca. 120 Minuten plus Auskühlzeit

Für die Serviettenknödel
250 g Brötchen vom Vortag
250 ml Vollmilch
1 Zwiebel
4 EL Butter
½ Bund glatte Petersilie
3 Eier
Salz
frisch geriebene Muskatnuss

Für die Lasagne von Hirsch und Wildschwein
600 g gemischtes Wildfleisch (Rippen oder Schulter vom Hirsch und Wildschwein)
120 g Zwiebeln
1 kleine Knoblauchzehe
3 EL neutrales Pflanzenöl
150 g Tomatenmark
300 ml Fleischfond
Salz
frisch gemahlener schwarzer Pfeffer
einige Chiliflocken

Für die Fertigstellung
1 EL Butter
150 g Crème fraîche
150 g geriebener kräftiger Käse (z. B. Bergkäse)

Serviettenknödel: Die Brötchen in feine Scheiben schneiden und in einer Schüssel mit der heißen Milch übergießen. Abgedeckt einige Zeit ruhen lassen. Die Zwiebel abziehen und in feine Würfel schneiden. Die Butter in einer Pfanne erhitzen und die Zwiebel glasig dünsten. Die Petersilie waschen, trockenschütteln, die groben Stiele entfernen und den Rest fein hacken. Die Zwiebeln und die Petersilie zusammen mit den Eiern zu den Brötchen geben. Mit Salz und Muskatnuss würzen und alles zu einem homogenen Knödelteig verkneten. Die Masse zu einer Rolle formen und erst in eine Lage Frischhaltefolie und anschließend fest in eine Lage Aluminiumfolie verpacken. Die Rolle in kochendes Salzwasser gleiten lassen und etwa 30 Minuten ziehen lassen. Dann aus dem Wasser nehmen und komplett auskühlen lassen.

Für die Lasagne: Das Fleisch sauber parieren und in grobe Würfel schneiden. Die Zwiebeln abziehen und grob zerteilen. Beides zusammen durch den Fleischwolf drehen. Den Knoblauch schälen und fein hacken. Das Öl in einer Pfanne erhitzen und die Fleischmasse und den Knoblauch anbraten. Das Tomatenmark unterrühren und kurz anrösten. Mit dem Fond ablöschen. Die Sauce mit Salz, Pfeffer und Chiliflocken würzen und einige Minuten köcheln lassen.

Fertigstellung: Die ausgekühlten Serviettenknödel auswickeln und in 4 mm dicke Scheiben schneiden. Mit der Fleischsauce beginnend und mit den Serviettenknödelscheiben endend abwechselnd alles in eine gebutterte Auflaufform schichten. Als oberste Schicht die Crème fraîche auftragen und mit dem Käse bestreuen. Die Lasagne 45 Minuten im auf 180 °C vorgeheizten Backofen (Ober-/Unterhitze) backen. .

Anrichten: Die Lasagne in Stücke schneiden und auf vorgewärmten Tellern anrichten.

REHWILD

DAS REH

Gewicht in der Decke je nach Alter, Jahres- und Jagdzeit vom Kitz bis zum starken Rehbock zwischen 12, 14 und bis zu 20 Kilogramm. Als »Selektiväser« nascht das Reh gerne an Gräsern, jungen Trieben, Blättern und Beeren. Das Wildbret ist zart im Geschmack, saftig, hellbraun. Als Festtagsbraten – und dies nicht nur zur Weihnachtszeit – genießt es allerbesten Ruf.

Und was kommt in die Küche? Begehrt sind der Rücken, die Keulen, die Filets. Aus Blättern, Schulter und Bruststücken lassen sich Ragouts, Koteletts oder Gulasch, schmoren. Die Verarbeitung bis hin zur Wildwurst kennt keine Grenzen.

59

REHMEDAILLONS AUF SPINATWAFFELN MIT FRISCHEN PFIFFERLINGEN UND CHILI-ZIMT-JUS

Für 4 Personen | Zubereitungszeit: ca. 60 Minuten

Für die Spinatwaffeln

30 g Pfifferlinge
250 g weiche Butter
10 g Salz
1 Prise frisch geriebene Muskatnuss
1 Prise frisch gemahlener schwarzer Pfeffer
6 Eier (Zimmertemperatur)
350 g Mehl Type 405
2 TL Backpulver
250 g Blattspinat (TK)
Vollmilch (nach Bedarf)

Für die Chili-Zimt-Jus

1 l Wildsauce
3 g Zimtstange
¼ getrocknete Chilischote

Für die Rehmedaillons

1,2 kg ausgelöstes Rehrückenfilet
2 EL neutrales Pflanzenöl
Salz
frisch gemahlener schwarzer Pfeffer

Für die Pfifferlinge

1 Zwiebel
½ Bund glatte Petersilie
50 g durchwachsener Speck
600 g geputzte Pfifferlinge
1 Knoblauchzehe
Salz
frisch gemahlener schwarzer Pfeffer

TIPP

Als Alternative zum Spinat bietet sich für die grünen Waffeln im Frühjahr die Verwendung von Brennnesselblättern an.

Spinatwaffeln: Die Pfifferlinge sorgfältig putzen und fein schneiden. Die Butter mit den Gewürzen schaumig rühren und nach und nach die Eier unterrühren. Das Mehl zusammen mit dem Backpulver auf die Buttermischung sieben und unterrühren. Den aufgetauten Blattspinat gut abtropfen lassen, kleinschneiden und unterheben. Sollte der Teig zu fest sein, kann etwas Milch untergerührt werden. Den Waffelteig in einem Waffeleisen nach Angaben des Herstellers zu 4 großen oder 8 kleinen Waffeln ausbacken.

Chili-Zimt-Jus: Die Wildsauce mit der Zimtstange und der getrockneten Chilischote einige Minuten köcheln lassen. Die Sauce 1 Stunde ziehen lassen, dann die Zimtstange und die Chilischote entfernen.

Rehmedaillons: Das Rehrückenfilet parieren und in 8 Medaillons aufteilen. Das Öl in einer ofenfesten Pfanne erhitzen und die Medaillons kurz von beiden Seiten anbraten. Anschließend das Fleisch mit Salz und Pfeffer würzen. Die Medaillons im auf 80 °C vorgeheizten Backofen (Ober-/Unterhitze) ca. 15 Minuten unter Verwendung eines Bratenthermometers auf etwa 54 °C Kerntemperatur garen.

Pfifferlinge: Die Zwiebel abziehen und in feine Würfel schneiden. Die Petersilie waschen, trockenschütteln, die groben Stiele entfernen und den Rest fein hacken. Den Speck in einer Pfanne anbraten und die Zwiebeln und die Pfifferlinge anbraten. Die angedrückte Knoblauchzehe und die Petersilie zugeben und mit Salz und Pfeffer würzen. Vor dem Anrichten die Knoblauchzehe entfernen.

Anrichten: Die Waffeln auf die Teller verteilen, die Rehmedaillons darauf platzieren etwas Chili-Zimt-Jus darübergeben. Die Pfifferlinge daneben anrichten.

HUBERTUSFRÜHSTÜCK MIT GEBRATENER REHLEBER UND GERÄUCHERTEM WILDSCHINKEN

Für 4 Personen | Zubereitungszeit: ca. 30 Minuten

Für das Gröstl
1 kleine Zwiebel
1 EL Rapsöl
2 vorgekochte, fest kochende Kartoffeln
2 Scheiben geräucherter Wildschinken (alternativ 30 g Speckwürfel)
1 EL Butter
1–2 Eier
Salz
frisch gemahlener schwarzer Pfeffer
1 EL Schnittlauchröllchen

Für die Rehleber
1 frische Rehleber (à ca. 150 g)
Mehl Type 405
1 EL Butter
Salz
frisch gemahlener schwarzer Pfeffer

Zum Anrichten
2 Cornichons

Gröstl: Die Zwiebel abziehen und in feine Würfel schneiden. In einer beschichteten Pfanne das Öl erhitzen und die in Scheiben geschnittenen Kartoffeln anbraten. Sobald sie Farbe bekommen, den in Streifen geschnittenen Wildschinken und die Zwiebelwürfel zusammen mit der Butter zugeben. Alles zusammen gut anbraten. Die Eier aufschlagen, gut verquirlen und über dem Pfanneninhalt verteilen. Gut durchmischen und das Ei stocken lassen. Mit Salz und Pfeffer würzen und zum Schluss den Schnittlauch unterheben.

Rehleber: Die Haut von der Leber abziehen und sie in Streifen schneiden. Die Leberstreifen mehlieren. Die Butter in eisernen Pfanne erhitzen und die Leberstreifen darin kurz durchbraten. Danach mit Salz und Pfeffer würzen.

Anrichten: Das Gröstl auf einen Teller geben und die Leberstreifen darauf anrichten. Mit den aufgeschnittenen Tomaten, Cornichons und Frühlingszwiebeln garnieren.

REHRÜCKENFILET AUF BLATTSPINAT MIT GARNELE

Für 4 Personen | Zubereitungszeit: ca. 30 Minuten

Für das Rehrückenfilet
600 g ausgelöstes Rehrückenfilet
Salz
frisch gemahlener schwarzer Pfeffer
1 EL Olivenöl
1 Zweig Rosmarin
100 ml Portwein
200 ml Wildfond
1 EL kalte Butter

Für den Spinat
600 g frischer Blattspinat
1 Schalotte
2 EL Butter
Salz
frisch gemahlener schwarzer Pfeffer
frisch geriebene Muskatnuss

Für die Garnelen
8 frische Garnelen
2 Zehen Knoblauch
1 EL Butter
Salz
frisch gemahlener schwarzer Pfeffer

Rehrückenfilet: Das Rehrückenfilet sauber parieren und in 4 Medaillons schneiden. Mit Salz und Pfeffer würzen. Das Öl bei mittlerer Temperatur in einer Pfanne erhitzen, den Rosmarin zufügen und die Medaillons leicht anbraten. Die Medaillons auf eine ofenteste Platte legen und im auf 140 °C vorgeheizten Backofen (Ober-/Unterhitze) für 10 Minuten garen. Die Bratpfanne wieder erhitzen, den Bratrückstand mit dem Portwein ablöschen und etwas einkochen lassen. Dann mit dem Fond aufgießen und um zwei Drittel einkochen. Mit Salz und Pfeffer abschmecken und mit der Butter abrunden.

Spinat: Den Spinat putzen, waschen und gut trocknen. Die Schalotte abziehen und in feine Würfel schneiden. Die Butter in einer Pfanne erhitzen und die Schalotten andünsten. Dann den Blattspinat zugeben und zusammenfallen lassen. Mit Salz, Pfeffer und Muskatnuss würzen.

Garnelen: Den Kopf und die Schale der Garnelen bis auf das letzte Stück der Schwanzflosse und den Darm entfernen. Den Knoblauch schälen und in feine Scheiben schneiden. Die Butter in einer Pfanne erhitzen und die Garnelen kurz anbraten, sodass sie innen noch glasig bleiben. Den Knoblauch zugeben und mit Salz und Pfeffer würzen.

Anrichten: Den Spinat als Bett auf den vorgewärmten Tellern anrichten und je ein Medaillon darauf platzieren. Je 1 Garnele und einige Scheiben Knoblauch darauflegen.

REHRÜCKENFILET SOUS VIDE GEGART UND MIT HONIG GLASIERT

Für 4 Personen | Zubereitungszeit: ca. 40 Minuten

Für das Rehrückenfilet

1 Rehrückenfilet (ca. 600 g)
Salz
frisch gemahlener schwarzer Pfeffer
10 Wacholderbeeren
2 Zweige Thymian
2 Zweige Rosmarin
2 EL Butter
2 EL flüssiger Waldhonig

Zum Anrichten

Feldsalat mit Rucola, rotem Mangold und Kräutern
Kartoffelpüree

Rehrückenfilet: Das Filet sauber parieren und in 4 gleich große Tranchen schneiden. Das Fleisch leicht mit Salz und Pfeffer würzen und zusammen mit je einem Zweig Thymian und Rosmarin, 2 Wacholderbeeren, 1 EL Butter und 1 EL Honig in einen Vakuumierbeutel geben. Den Beutel sorgfältig vakuumieren und verschließen. Den Beutel in ein auf 58 °C vorgeheiztes Wasserbad legen und 20 Minuten ziehen lassen. Das Fleisch aus dem Beutel nehmen und mit Küchenpapier etwas trockentupfen. Die restliche Butter in einer Pfanne erhitzen und die restlichen Kräuterzweige und Wacholderbeeren zugeben. Die Medaillons rundherum kurz anbraten und mit dem restlichen Honig glasieren. Vor dem Servieren die Medaillons in daumendicke Tranchen schneiden.

Anrichten: Das Kartoffelpüree auf den vorgewärmten Tellern ausstreichen und die Fleischtranchen darauf anrichten. Den Salat in einer separaten Schale daneben stellen.

GEFÜLLTE REHTASCHE MIT MARONENFÜLLUNG

Für 4 Personen | Zubereitungszeit: ca. 60 Minuten plus 12 Stunden Einweichzeit

Für die Rehtasche

100 g Trockenpflaumen
20 ml trockener Rotwein
500 g Rehfleisch (Keule)
frisch gemahlener schwarzer Pfeffer
100 g Maronen (Konserve)
4 EL Butterschmalz
Salz

Zum Anrichten

mit Trockenpflaumen gefüllte Schwemm- bzw. Kartoffelknödel oder Selleriepüree

Rehtasche: Die Trockenpflaumen über Nacht im Rotwein einweichen. Das Fleisch sauber parieren und eine Tasche hineinschneiden, dabei einen Rand von gut 2 cm stehen lassen. Die Tasche innen mit Pfeffer würzen. Die Maronen klein hacken und mit den abgetropften Trockenpflaumen vermengen. Die Füllung in die Tasche schieben und die Öffnung mit Küchengarn oder Spießen verschließen. Das Butterschmalz in einer ofenfesten Pfanne erhitzen und das Fleisch rundherum kräftig anbraten. Die Rehtasche mit Salz und Pfeffer würzen und für 45 Minuten in den auf 160 °C vorgeheizten Backofen (Ober-/Unterhitze) schieben. Anschließend das Fleisch in Alufolie hüllen und 10 Minuten ruhen lassen. Vor dem Servieren die Rehtasche in Scheiben aufschneiden.

Anrichten: Die Fleischscheiben auf den vorgewärmten Tellern anrichten und die gewählte Beilage dazu servieren.

GESCHNETZELTES VOM REH MIT KIRSCH-PFEFFER-SAUCE

Für 4 Personen | Zubereitungszeit: ca. 30 Minuten

Für das Geschnetzelte
500 g Rehfleisch (Keule)
1 große Zwiebel
100 g geputzte Champignons
2 EL neutrales Pflanzenöl
100 ml Weinbrand
200 ml Wildfond
1 Zweig Rosmarin
200 ml flüssige Sahne
150 g frische, entsteinte Schattenmorellen
1 EL grüner Pfeffer
1 EL rosa Pfeffer
Salz

Zum Anrichten
Spätzle oder Tagliatelle
einige Blättchen glatte Petersilie

Geschnetzeltes: Das Fleisch sauber parieren und in Streifen schneiden. Die Zwiebel abziehen und in feine Würfel schneiden. Die Pilze vierteln. Das Öl in einer Pfanne erhitzen und die Fleischstreifen darin anbraten. Dann die Zwiebeln und die Pilze zugeben und kurz mitbraten. Das Ganze mit dem Weinbrand ablöschen, kurz reduzieren lassen und mit dem Fond aufgießen. Den Rosmarin waschen, trockenschütteln, die Nadeln abzupfen und in die Sauce mischen. Kurz aufkochen und dann die Sahne, die Kirschen und die beiden Pfeffersorten unterrühren. Die Sauce etwa 5 Minuten einkochen und mit Salz abschmecken.

Anrichten: Das Geschnetzelte auf den vorgewärmten Tellern anrichten. Reichlich Sauce darübergeben und mit Petersilienblättchen garnieren. Die gewählte Beilage in einer separaten Schale servieren.

CARPACCIO VON DER REHNUSS

Für 4 Personen | Zubereitungszeit: ca. 30 Minuten plus mehrere Stunden Kühlzeit

Für das Carpaccio
400 g Rehnuss (alternativ Rehrücken)
Salz
frisch gemahlener schwarzer Pfeffer
2 EL neutrales Pflanzenöl
2 EL Preiselbeergelee
4 EL weißer Balsamico
8 EL Olivenöl
1 TL mittelscharfer Senf

Zum Anrichten
Feldsalat mit hellem Dressing, Kürbiskernen und Alfalfasprossen
½ Bund grob geschnittener Schnittlauch
leicht geröstete Pinienkerne

Carpaccio: Das Fleisch sauber parieren und mit Salz und Pfeffer würzen. Das Öl in einer ofenfesten Pfanne erhitzen und das Fleisch rundherum kräftig anbraten. Dann die Pfanne in den auf 160 °C vorgeheizten Backofen (Ober-/Unterhitze) stellen und das Fleisch etwa 15 Minuten (je nach Dicke des Fleischstückes) weitergaren. Dann das Fleisch komplett auskühlen lassen und bis zur Verwendung abgedeckt kaltstellen.

Für die Vinaigrette das Preiselbeergelee, den Balsamico und das Olivenöl gut verrühren. Die Vinaigrette mit Salz, Pfeffer und Senf abschmecken.

Zum Servieren das Fleisch in hauchdünne Scheiben schneiden, auf den Tellern dekorativ anrichten und mit der Vinaigrette überziehen.

Anrichten: Das Carpaccio zusammen mit dem Feldsalat servieren. Mit dem Schnittlauch und den Pinienkernen garnieren.

REHKEULE IN WIESENHEU GEGART

Für 6 Personen | Zubereitungszeit: ca. 90 Minuten

Für die Rehkeule
1 Rehkeule ohne Knochen (ca. 1.500 g)
Salz
frisch gemahlener schwarzer Pfeffer
frisches unbehandeltes Wiesenheu
1 EL flüssiger Waldhonig
4 EL Olivenöl
6 Nelken
2 Sternanis
4 Lorbeerblätter
4 frische Chilischoten
4 Knoblauchzehen
100 g Butter

Zum Anrichten
Karottengemüse
Brunnenkressepüree
Kräuterzweige
geschmolzene Kirschtomaten

Rehkeule: Die Rehkeule sauber parieren und mit Salz und Pfeffer würzen. Die Keule komplett in das Wiesenheu hüllen und in einen Bratenschlauch stecken. Den Honig, das Olivenöl und die Gewürze zugeben und den Bratenschlauch verschließen. Auf einer ofenfesten Pfanne in den auf 150 °C vorgeheizten Backofen (Ober-/Unterhitze) schieben und 60 Minuten braten. Anschließend den Bratenschlauch öffnen, die Keule darin 10 Minuten ruhen lassen und dann entnehmen. Die Reste des Wiesenheu sorgfältig von der Rehkeule entfernen und das Fleisch in Tranchen aufschneiden, dabei austretenden Bratensaft auffangen. Die Butter in einer Pfanne erhitzen und die Fleischtranchen kurz nachbraten.

Anrichten: Die Fleischtranchen auf den vorgewärmten Tellern platzieren, mit dem Bratensaft beträufeln und das Karottengemüse und das Brunnenkressepüree daneben anrichten. Mit den Kirschtomaten und den Kräuterzweigen garnieren.

GRÖSTEL VON DER REHLEBER MIT SPIEGELEI

Für 4 Personen | Zubereitungszeit: ca. 40 Minuten

Für das Gröstel
800 g fest kochende Kartoffeln
50 g Magerspeck
150 g Zwiebeln
1 Zweig Rosmarin
1 Zweig Majoran
1 Rehleber (ca. 150 g)
50 g Butterschmalz
Salz
frisch gemahlener schwarzer Pfeffer
1 EL Butter
4 Eier

Gröstel: Die Kartoffeln kochen, schälen, gut abdampfen lassen und in Scheiben schneiden. Den Speck in Würfel schneiden, die Zwiebeln abziehen und in feine Würfel schneiden. Die Kräuter waschen, trockenschütteln, die Nadeln bzw. Blätter abzupfen und fein hacken. Die Leber parieren und in feine Streifen schneiden.

Etwas Butterschmalz in einer Pfanne erhitzen und die Kartoffelscheiben darin knusprig braun anbraten. Dann den Speck und die Zwiebeln zugeben und ebenfalls gut anbraten. Anschließend die Leberstreifen in einer zweiten Pfanne in etwas Butterschmalz kurz durchbraten. Das Gröstel mit den gehackten Kräutern, Salz und Pfeffer würzig abschmecken. Die Butter in einer separaten Pfanne erhitzen und die Eier zu Spiegeleiern braten.

Anrichten: Das Gröstel auf die Teller verteilen, einige Streifen gebratene Rehleber und jeweils ein Spiegelei darauf anrichten.

SATÉ-SPIESSE VON DER REHLEBER AUF RUCOLA

Für 4 Personen | Zubereitungszeit: ca. 30 Minuten

Für die Saté-Spieße

1 Rehleber (ca. 150 g)
2 EL neutrales Pflanzenöl
50 ml Sweet Chili Sauce
20 ml Sojasauce
Salz
frisch gemahlener schwarzer Pfeffer
12 Holzspieße

Für den Salat

200 g Rucola
½ rote Paprikaschote
½ gelbe Paprikaschote
4 EL Olivenöl
2 EL dunkler Aceto balsamico
1 EL mittelscharfer Senf
Salz
frisch gemahlener schwarzer Pfeffer
Zucker

Saté-Spieße: Die Leber sauber parieren und in dünne Streifen schneiden. Die Leberstreifen wellenförmig auf die Spieße stecken. Das Öl in einer Pfanne erhitzen und die Leberspieße von beiden Seiten kurz braten. Die Chilisauce und die Sojasauce in die Pfanne geben, mit Salz und Pfeffer würzen und die Spieße nochmals gut in der Pfanne schwenken.

Salat: Den Rucola waschen und trockenschütteln. Die Paprikaschoten waschen, entkernen und in feine Würfel schneiden. Den Rucola und die Paprikawürfel in einer Schüssel locker vermischen. Das Öl, den Essig, den Senf verrühren und mit Salz, Pfeffer und Zucker abschmecken. Den Salat damit marinieren.

Anrichten: Den Salat auf die Teller verteilen und je 2–3 Saté-Spieße darauf anrichten.

SPIESS VON REHNIEREN MIT INGWERKAROTTEN

Für 4 Personen | Zubereitungszeit: ca. 45 Minuten

Für den Spieß
8 Rehnieren (à ca. 40 g)
4 große Austernpilze
Salz
frisch gemahlener schwarzer Pfeffer
2 EL Butter
4 Zweige Thymian
4 Spieße

Für die Ingwerkarotten
400 g Karotten
1 Zwiebel
1 Ingwerknolle
2 EL Butter
200 ml Gemüsebrühe
Zucker
Salz
frisch gemahlener schwarzer Pfeffer
Maisstärkemehl (optional)

Zum Anrichten
Kartoffelpüree
gebratene Kirschtomaten

Spieß: Die sauber parierten Nieren halbieren. Die Austernpilze putzen und in ebenso große Stücke wie die Nieren schneiden. Auf die Spieße im Wechsel Nieren- und Pilzstücke stecken. Mit Salz und Pfeffer würzen. Die Butter in einer Pfanne aufschäumen, die Thymianzweige zufügen und die Spieße bei mittlerer Temperatur 5 Minuten braten.

Ingwerkarotten: Die Karotten schälen und in dünne Scheiben schneiden. Die Zwiebel abziehen und in feine Würfel schneiden. Den Ingwer schälen und in sehr feine Würfel schneiden. Die Butter in einem Topf erhitzen und die Zwiebel und den Ingwer anschwitzen. Die Karotten zugeben und mit der Gemüsebrühe aufgießen. Die Karotten abgedeckt 3–4 Minuten bissfest dünsten. Mit Zucker, Salz und Pfeffer abschmecken und nach Belieben mit etwas in kaltem Wasser glatt gerührtem Maisstärkemehl abbinden

Anrichten: Die Ingwerkarotten auf den Tellern platzieren und einen Spieß darüberlegen. Das Kartoffelpüree und die Tomaten dazu servieren.

TIPP

Zum Vorbereiten der bohnenförmigen Nieren diese auf der Rückseite einschneiden und das Nierenhäutchen abziehen. Die Harnleiter, die Nierenvene und -arterie dicht an der Niere abtrennen. Vor dem Verarbeiten die Niere der Länge nach halbieren und das Harngewebe herausschneiden.

SALTIMBOCCA VOM REH MIT MEDITERRANEM GEMÜSE

Für 4 Personen | Zubereitungszeit: ca. 45 Minuten

Für das mediterrane Gemüse
1 rote Paprikaschote
1 gelbe Paprikaschote
1 mittelgroße Zucchini
1 kleine Aubergine
1 Zwiebel
1 Knoblauchzehe
2 EL Olivenöl
1 Zweig Rosmarin
1 Zweig Thymian
Salz
frisch gemahlener schwarzer Pfeffer

Für das Saltimbocca
12 Rehsteaks (à 80 g, Keule)
12 Salbeiblätter
12 hauchdünne Scheiben Parma- oder Wildschweinschinken
Salz
frisch gemahlener schwarzer Pfeffer
3 EL Olivenöl
200 ml trockener Weißwein
40 g Butter

Mediterranes Gemüse: Die Paprikaschoten waschen und entkernen. Die Zucchini und die Aubergine waschen und putzen. Die Zwiebel und den Knoblauch abziehen. Alles Gemüse in sehr feine Würfel schneiden. Das Öl in einem Topf erhitzen und die Zwiebeln und den Knoblauch anschwitzen. Das Gemüse und die Kräuter zugeben und unter mehrmaligem Wenden bissfest garen. Mit Salz und Pfeffer abschmecken.

Saltimbocca: Die Rehsteaks zwischen 2 Lagen Frischhaltefolie flachklopfen. Auf jedes Steak ein Salbeiblatt und eine Scheibe Schinken legen. Die Fleischscheibe zusammenklappen und mit einem Zahnstocher fixieren. Mit Salz und Pfeffer würzen. Das Öl in einer Pfanne erhitzen und die Fleischröllchen auf jeder Seite ca. 1½ Minuten braun anbraten. Die Fleischröllchen dann aus der Pfanne nehmen und warm stellen. Den Bratrückstand in der Pfanne mit dem Weißwein ablöschen und die Butter einrühren. Die Sauce etwa 1 Minute köcheln lassen.

Anrichten: Das Gemüse auf die vorgewärmten Teller verteilen und je 2 Saltimbocca dazwischen anrichten.

GLASIERTE REHHAXE MIT STIELMUSGEMÜSE

Für 4 Personen | Zubereitungszeit: ca. 120 Minuten

Für die Rehhaxe
4 Rehhaxen (à ca. 200 g)
Salz
frisch gemahlener schwarzer Pfeffer
200 g Wurzelgemüse (z. B. Knollensellerie, Karotten, Zwiebel)
4 Knoblauchzehen
2 EL neutrales Pflanzenöl
1 EL Tomatenmark
1 Prise Zucker
400 ml trockener Rotwein
4 Zweige Thymian
1 Lorbeerblatt
5 Wacholderbeeren
2 Nelken

Für das Stielmusgemüse
3 Bund Rübstiel (alternativ Mangold oder Chinakohlblätter)
1 kleine fein gehackte Zwiebel
1 EL Butter
50 g Speckwürfel
400 g vorgegarte, geschälte Kartoffeln
Salz
frisch gemahlener schwarzer Pfeffer

Rehkeule: Die Rehhaxen sauber parieren und mit Salz und Pfeffer würzen. Das Wurzelgemüse in grobe Würfel schneiden. Die Knoblauchzehen abziehen und fein hacken. Das Öl in einem Bräter erhitzen und die Haxen von allen Seiten anbraten. Dann erst das Wurzelgemüse und den Knoblauch, anschließend auch das Tomatenmark und den Zucker zufügen und anbraten. Mit dem Rotwein ablöschen und einkochen lassen. Dann mit etwa 250 ml Wasser aufgießen und die Gewürze zugeben. Die Haxen im auf 160 °C vorgeheizten Backofen (Ober-/Unterhitze) etwa 90 Minuten schmoren. Dabei die Haxen alle 15–20 Minuten mit Bratensaft übergießen und den Fond sirupartig reduzieren.

Stielmusgemüse: Das Stielmus waschen und in 1 cm lange Stücke schneiden. Die Zwiebel abziehen und fein hacken. Die Butter erhitzen und die Zwiebel- und Speckwürfel darin anbraten. Das Stielmus zugeben und anschwitzen. Die Kartoffeln in feine Würfel schneiden und zugeben. Alles zusammen etwa 5 Minuten garen und mit Salz und Pfeffer würzen.

Anrichten: Das Stielmusgemüse auf die Teller verteilen und die Haxen darauf anrichten. Etwas Fond darüberträufeln.

CANNELLONI MIT WILDHACKFLEISCH

Für 4 Personen | Zubereitungszeit: ca. 120 Minuten

Für den Nudelteig
300 g Mehl Tipo 00
2 Eier
4 Eigelb
⅓ TL Salz

Für die Cannelloni
2 rote Zwiebeln
1 rote Paprikaschote
1 gelbe Paprikaschote
1 Bund glatte Petersilie
Knoblauch
400 g Wildfleisch oder gemischte Fleischreste
2 EL Olivenöl
2 EL Tomatenmark
100 ml Fleischbrühe
50 g fein geriebener Parmesan
Salz
frisch gemahlener schwarzer Pfeffer
etwas Butter für die Form
500 ml Tomatensauce oder passierte Tomaten

Zum Anrichten
geriebener Parmesan
Basilikum-Püree
gebratene Kirschtomaten
glatte Petersilie

Nudelteig: Das Mehl in eine Rührschüssel sieben und die Eier, Eigelb und das Salz zugeben. Mithilfe der Knethaken der Küchenmaschine zu einem homogenen Teig kneten. Den Teig auf die Arbeitsfläche kippen und noch etwas 10 Minuten kräftig durchkneten. Anschließend eine Teigkugel formen, in Frischhaltefolie einschlagen und für 1 Stunde in den Kühlschrank legen.

Cannelloni mit Wildhack: Die Zwiebeln abziehen, die Paprikaschoten waschen und die Kerne entfernen. Die Tomaten putzen. Die Petersilie waschen und trockenschütteln. Das Gemüse und die Petersilie grob zerkleinern. Den Knoblauch schälen. Das Fleisch sauber parieren und zusammen mit dem Gemüse, der Petersilie und dem Knoblauch durch den Fleischwolf drehen. Das Öl in einem Topf erhitzen und die Fleischmasse anbraten. Das Tomatenmark unterrühren und anrösten. Mit der Fleischbrühe ablöschen und den Parmesan unterrühren. Die Füllung unter gelegentlichem Umrühren köcheln lassen, bis sie eine sehr sämige Konsistenz hat. Mit Salz und Pfeffer abschmecken. Die Füllung in einen Spritzbeutel umfüllen.

Fertigstellung: Den Nudelteig mit einer Nudelmaschine oder einem Teigroller dünn ausrollen und Rechtecke zurechtschneiden. Einen dicken Strang Füllung auf die kurze Seite der Teigplatten spritzen, die Platten dann einrollen und in eine gebutterte Form legen. Die Tomatensauce darüber gießen und die Cannelloni im auf 160 °C vorgeheizten Backofen (Ober-/Unterhitze) 40 Minuten backen.

Anrichten: Die Cannelloni auf die vorgewärmten Teller verteilen und mit dem Parmesan bestreuen. Etwas Basilikum-Püree darübergeben und mit den gebratenen Kirschtomaten und glatter Petersilie garnieren.

REHCHILI MIT ROTEN KIDNEY-BOHNEN UND KRÄUTER-TORTILLACHIPS

Für 4 Personen | Zubereitungszeit: ca. 60 Minuten

Für das Rehchili
2 mittelgroße Zwiebeln
1 Knoblauchzehe
1 rote Paprikaschote
1 gelbe Paprikaschote
400 g Hackfleisch vom Reh
2 EL Olivenöl
50 g Maiskörner (Konserve)
100 g Kidney-Bohnen (Konserve)
100 g Tomatenmark
200 g Tomatenpüree
2 Lorbeerblätter
Chilischoten (Menge nach Geschmack)
Salz
frisch gemahlener schwarzer Pfeffer

Für die Kräuter-Tortillachips
½ Bund Schnittlauch
Weizen-Tortillas (Frischetheke)

Zum Anrichten
4 EL Schmand
glatte Petersilie

Rehchili: Die Zwiebeln und den Knoblauch abziehen und fein hacken. Die Paprikaschoten, waschen, entkernen und in feine Würfel schneiden. Das Olivenöl in einem Topf erhitzen und das Hackfleisch, die Zwiebeln und den Knoblauch kräftig anbraten. Das Ganze etwa 10 Minuten köcheln lassen. Dann die Paprikawürfel, die Maiskörner, die Bohnen und das Tomatenmark untermischen und anschwitzen. Anschließend mit dem Tomatenpüree ablöschen. Die Lorbeerblätter und nach Belieben kleingehackte Chilischoten zugeben. Mit Salz und Pfeffer würzen. Das Chili noch einige Zeit leicht köcheln lassen. Vor dem Servieren die Lorbeerblätter entfernen.

Kräuter-Tortillachips: Den Schnittlauch waschen, trockenschütteln und in feine Röllchen schneiden. Die Weizentortillas auslegen, die Röllchen darüber streuen und etwas festdrücken. Die Tortillas in dreieckige Stücke schneiden und auf einem Backblech auslegen. Im auf 200 °C vorgeheizten Backofen (Ober-/Unterhitze) 10 Minuten knusprig backen.

Anrichten: Das Rehchili auf tiefe Teller verteilen und einige Kräuter-Tortillachips anlegen. Mit Petersilie garnieren.

WILDBURGER AUF MEHRKORNBRÖTCHEN

Für 4–8 Personen | Zubereitungszeit: ca. 45 Minuten

Für den Wildburger
3 mittelgroße Zwiebeln
4 Knoblauchzehen
2 Zweige Thymian
2 Zweige Rosmarin
½ Bund glatte Petersilie
6 Scheiben Toastbrot
200 ml flüssige Sahne
1 kg Wildhackfleisch
2 Eier
3 EL grober Dijon-Senf
3 EL Johannisbeergelee
Salz
frisch gemahlener schwarzer Pfeffer
2 EL Rapsöl

Zum Anrichten
8 aufgeschnittene Mehrkornbrötchen
Würzsauce nach Wahl (z. B. Mayonnaise, Cocktailsauce, Ketchup, Sweet Chili Sauce)
1 rote Zwiebel, in Scheiben geschnitten
einige Essiggurken, in Scheiben geschnitten
Blattsalat

Wildburger: Die Zwiebeln und den Knoblauch abziehen und in feine Würfel schneiden. Die Kräuter waschen, trockenschütteln, die Blätter bzw. die Nadeln abzupfen und fein hacken. Die Rinde vom Toastbrot entfernen, den Rest in feine Würfel schneiden und mit der Sahne übergießen. Das Hackfleisch in eine Schüssel geben und die Zwiebel, die Kräuter, den Knoblauch, die Eier, den Senf und das Gelee zugeben. Mit Salz und Pfeffer würzen und dann die eingeweichten Toastbrotwürfel zugeben. Alles gut zu einem homogenen Fleischteig verkneten. Dann 8 etwa 140 g schwere, flache Pattys formen. Das Öl in einer ofenfesten Pfanne erhitzen und die Pattys goldgelb anbraten. Die Pattys im auf 180 °C vorgeheizten Backofen (Ober-/Unterhitze) 15 Minuten fertig garen.

Anrichten: Auf die Unterseite des Brötchens etwas Sauce nach Wahl streichen und ein Salatblatt darauflegen. Anschließend abwechselnd je 2 Gurken – und Zwiebelscheiben schichten. Dann das Wildpatty und zum Schluss den Brötchendeckel auflegen.

BACON-WILDBURGER AUF WALNUSSBRÖTCHEN

Für 4–8 Personen | Zubereitungszeit: ca. 45 Minuten

Für den Wildburger

3 mittelgroße Zwiebeln
4 Knoblauchzehen
2 Zweige Thymian
2 Zweige Rosmarin
1 /2 Bund glatte Petersilie
6 Scheiben Toastbrot
200 ml flüssige Sahne
1 kg Wildhackfleisch
2 Eier
3 EL grober Dijon-Senf
3 EL Johannisbeergelee
Salz
frisch gemahlener schwarzer Pfeffer
2 EL Rapsöl
24 Scheiben Bacon

Zum Anrichten

8 aufgeschnittene Walnussbrötchen
Würzsauce nach Wahl (z. B. Mayonnaise, Cocktailsauce, Ketchup, Sweet Chili Sauce)
16 Tomatenscheiben

Wildburger: Die Zwiebeln und den Knoblauch abziehen und in feine Würfel schneiden. Die Kräuter waschen, trockenschütteln, die Blätter bzw. die Nadeln abzupfen und fein hacken. Die Rinde vom Toastbrot entfernen, den Rest in feine Würfel schneiden und mit der Sahne übergießen. Das Hackfleisch in eine Schüssel geben und die Zwiebel, die Kräuter, den Knoblauch, die Eier, den Senf und das Gelee zugeben. Mit Salz und Pfeffer würzen und dann die eingeweichten Toastbrotwürfel zugeben. Alles gut zu einem homogenen Fleischteig verkneten. Dann 8 etwa 140 g schwere, flache Pattys formen. Das Öl in einer ofenfesten Pfanne erhitzen und die Pattys goldgelb anbraten. Die Pattys im auf 180 °C vorgeheizten Backofen (Ober-/Unterhitze) 15 Minuten fertig garen. Die Baconscheiben in einer beschichteten Pfanne ohne Fett knusprig braten.

Anrichten: Auf die Unterseite des Brötchens etwas Sauce nach Wahl streichen. Anschließend 2 Tomatenscheiben schichten. Dann das Wildpatty, darauf die Baconscheiben und zum Schluss den Brötchendeckel auflegen.

SALAT VOM WILDHERZ

Für 4 Personen | Zubereitungszeit: ca. 60 Minuten

Für den Salat vom Wildherz
1 Herz (Hirsch- oder Reh)
1 rote Zwiebel
10 Cornichons
½ Bund glatte Peterssilie
½ Bund Schnittlauch
1 kleiner Apfel (z. B. Gala, optional)
2–3 EL gewürzte Mayonnaise
Salz
frisch gemahlener schwarzer Pfeffer

Zum Anrichten
Salatblätter
gewürfelte Cornichons
Schnittlauchröllchen
knuspriges Baguette

Salat vom Wildherz: Das Herz aufschneiden, sauber parieren und waschen. Danach in Salzwasser gar kochen. Etwas abkühlen lassen und dann die Haut rings herum abziehen. Das Fleisch in sehr feine Streifen schneiden und in eine Schüssel geben. Die Zwiebel abziehen und zusammen mit den Cornichons in kleine Würfel schneiden. Die Petersilie und den Schnittlauch waschen, trockenschütteln, die groben Stiele entfernen und den Rest fein hacken bzw. in feine Röllchen schneiden. Nach Wunsch den Apfel schälen, vierteln, das Kerngehäuse entfernen und das Fruchtfleisch fein Würfeln. Alles zusammen mit der Mayonnaise mit in die Schüssel geben. Den Salat gut vermischen und mit Salz und Pfeffer abschmecken.

Anrichten: Den Salat in kleine Schalen portionieren und mit Salatblättern, Cornichons und Schnittlauchröllchen garnieren. Das Baguette dazu reichen.

STRAMMER MAX

Für 4 Personen | Zubereitungszeit: ca. 10 Minuten

Für den Strammen Max
2 EL Butter
8 Eier
Salz
frisch gemahlener schwarzer Pfeffer

Zum Anrichten
8 Scheiben Toastbrot
12 Scheiben Wildschinken
8 Cornichons
Saisonaler Blattsalat

Strammer Max: Die Butter in einer Pfanne erhitzen und die Eier zu Spiegeleiern braten. Nach Wunsch mit Salz und Pfeffer würzen.

Anrichten: Die Toastbrotscheiben auf die Teller verteilen und den Schinken darauf anrichten. Je zwei Spiegeleier darauf platzieren. Den Rotkohlsalat daneben anrichten. Mit Salatblättern und den Cornichons garnieren.

TRILOGIE VON HIRSCH, WILDSCHWEIN UND TAUBE

Für 4 Personen | Zubereitungszeit: ca. 30 Minuten plus 24 Stunden Marinierzeit.

Für die Hirschsteaks
1 EL Pimentkörner
1 EL schwarze Pfefferkörner
1 Zimtstange
½ EL Anissamen
½ EL Kümmelsamen
1 TL rosenscharfes Paprikapulver
500 ml Olivenöl
4 Hirschsteaks
Salz

Für die Wildschweinkoteletts
1 Bund glatte Petersilie
5 Knoblauchzehen
1 EL Senfkörner
Salz
grob gemahlener schwarzer Pfeffer
500 ml Olivenöl
4 Wildschweinkoteletts

Für die Wildtaubenbrüste
10 Salbeiblätter
200 ml Sweet Chili Sauce
500 ml Olivenöl
Salz
4 Wildtaubenbrüste

Zum Anrichten
Kartoffelwedges
Salate der Saison

Hirschfleisch: Alle Gewürze in einen Mörser geben und fein zerstoßen. Mit dem Olivenöl verrühren. Die Hirschsteaks leicht salzen und in der Marinade mindestens 24 Stunden marinieren.

Wildschweinkoteletts: Die Petersilie waschen und trockenschütteln. Den Knoblauch schälen. Alle Kräuter und Gewürze in einen Standmixer geben, fein pürieren und mit dem Olivenöl verrühren. Die Wildschweinkoteletts leicht salzen und in der Marinade mindestens 24 Stunden marinieren.

Wildtaubenbrüste: Die Salbeiblätter waschen, trockentupfen, fein häckseln und mit der Sweet Chili Sauce, dem Olivenöl und etwas Salz vermischen. Die Wildtaubenbrüste leicht salzen, mit der Marinade bestreichen und mindestens 24 Stunden marinieren

Fertigstellung: Die Fleischteile aus den Marinaden nehmen und auf dem Grill fertigstellen.

Anrichten: Die gegrillten Fleischteile mit den Wedges auf den Tellern anrichten. Den Salat in einer separaten Schale anrichten.

TIPP

Gut verschlossen sind die Marinaden gekühlt lange haltbar.

WILDSCHWEIN

106

SCHWEINE STEHEN IM STALL –
… UND SAUEN GIBT ES IM WALD –
… ABER NICHT JEDE SAU
IST EIN WILDSCHWEIN …

… wobei je nach Bundesland, Landesteil oder Gebiet die Bezeichnungen unterschiedlich sein können.

Nach einer Tragezeit von knapp vier Monaten »frischt« die Bache in einem Wurfkessel vier bis zehn Junge. Die Kleinen behalten ihren Namen »Frischlinge« bis zum Alter von 13 Monaten. Ab dem 13. Lebensmonat wird das einzelne Wildschwein als »Überläuferkeiler« (männliche Tiere) oder »Überläuferbache« (weibliche Tiere) bezeichnet. Es behält diese Bezeichnung bis zum Alter von zwei Jahren. Frischlinge und Überläufer sind »geringe Sauen«.

Ab dem zweiten Lebensjahr spricht der Waidmann bei Keilern und Bachen von »groben Sauen«. Keiler und Bachen definiert man in den folgenden Jahren nach zweijährigen, dreijährigen oder vierjährigen Stücken. Erst nach Vollendung des vierten Lebensjahres steht einem Keiler der Titel »Schwein« zu. Bachen bezeichnet man in den nächsten Jahren als starke, alte oder grobe Bachen.

Ein fünfjähriger Keiler ist ein »angehendes Schwein«. Nach Vollendung des fünften Lebensjahres wird er zum »hauenden Schwein«.

Wird er sieben Jahre alt oder älter, so erhält der jetzt reife Keiler den Ehrentitel »Hauptschwein«. Begehrt in der Wildküche sind die Überläufer beiderlei Geschlechts. Bei einem Überläuferkeiler – männlichen Wildschweinen sowieso – sollte man darauf achten, dass sie nicht zur »Rauschzeit« – die Paarungszeit der Wildschweine in November/ Dezember – erlegt wurden.

Dem Wildbret von in der Rauschzeit erlegten männlichen Wildschweinen haftet ein strenger, unerwünschter Geruch und Geschmack an.

Die Bezeichnungen Rotwild und Schwarzwild stammen aus der Zeit, als das Fleisch vom Hirsch als »rot« und das Fleisch des Wildschweins als »schwarz« bezeichnet wurde.

WÜRZIGE ROTWEINE ZUM WILD

Der Spätburgunder R hat diese angenehme Pfefferigkeit, die beim Spätburgunder als Speisenbegleiter mehr als gewünscht ist. Auch die Stilistik dieses Weines lässt es zu, dass er ebenso blutjung wie sehr gereift getrunken werden kann.

Auch wenn sein Alkoholgehalt mit 13,5 Volumenprozent nur einen halben Prozentpunkt über dem des Bordeaux liegt, ist dieser Wein wesentlich schwerer als der Bordeaux. Das wiederum bedeutet, dass er auch einen kräftigeren Gegenspieler benötigt, um die Speise nicht zu überdecken.

Wie lieben wir es, wenn ein würziges und pfefferiges Gericht durch den Wein im Mund nochmals »aufaddiert« wird und noch mehr Geschmacksknospen berührt werden, ohne dass es zu Verwirrungen kommt – und somit eine stringente Aromatik erzeugt wird.

Unter den Rezepten unseres Buchs denken wir dabei sofort an die gefüllten Wildschweinfilets, die Wildschweinfiletmedaillons im Speckmantel oder den Wrap mit Wildbret.

KASSELER VOM WILDSCHWEIN

Für 4 Personen | Zubereitungszeit: ca. 45 Minuten plus 1 Woche Marinierzeit

Für die Kasseler

800 g ausgelöster Wildschweinrücken
56 g Pökelsalz
2 Lorbeerblätter
5 Pfefferkörner
3 Nelken
4 Wacholderbeeren

Zum Anrichten

Kartoffelpüree
Rahmsauerkraut mit Cranberrys
dunkle Jus
Petersilie

Kasseler: Den Wildschweinrücken sauber parieren. Das Pökelsalz in 800 ml Wasser auflösen. Die Gewürze in die Lake geben und den Rücken darin einlegen. Der Rücken muss komplett von der Lake bedeckt sein (evtl. beschweren). Den Wildschweinrücken 1 Woche im Kühlschrank abgedeckt marinieren. Anschließend aus der Lake heben und abtropfen lassen. In einem großen Topf Wasser zum Kochen bringen und den Rücken darin 20 Minuten gar ziehen lassen. Vor dem Servieren das Fleisch in 4 gleichmäßig dicke Scheiben schneiden.

Anrichten: Das Kartoffelpüree auf die vorgewärmten Teller spritzen. Das Rahmsauerkraut und die Wildschwein-Kasseler daneben anrichten. Mit dunkler Jus und Petersilie garnieren.

TIPP

Die Pökellake ist eine 7-prozentige Mischung aus Pökelsalz und Wasser – also 70 g Pökelsalz je 1 l Wasser.

111

WILDSCHWEIN IM KARTOFFELSTRUDEL MIT ASIATISCH IM WOK ZUBEREITETEM GEMÜSE

Für 4 Personen | Zubereitungszeit: ca. 90 Minuten plus Kühlzeit

Für den Kartoffelstrudel
ca. 1,2 kg mehligkochende Kartoffeln
75 g Kartoffelstärkemehl
4 Eigelb
50 g geschmolzene Butter
Salz
frisch gemahlener schwarzer Pfeffer
400 g vorgegarter Wildschweinbraten
4 Karotten
¼ Knollensellerie
1 Stange Lauch
1 rote Paprikaschote
1 EL Sesamöl
Currypulver

Für die Fertigstellung
2 Eigelb
1 EL flüssige Sahne

Zum Anrichten
Sweet Chili Sauce

Kartoffelstrudel: Die Kartoffeln schälen, vierteln und in Salzwasser weichkochen. Anschließend durch eine Kartoffelpresse drücken. Es werden 900 g benötigt. Das Kartoffelstärkemehl, die Eigelb und die Butter zufügen und mit Salz und Pfeffer würzen. Alles zu einem glatten Kartoffelteig verkneten und zu einer Kugel formen. Den Teig in Frischhaltefolie einschlagen und kaltstellen.

Den Braten in feine Streifen schneiden. Die Karotten und den Sellerie schälen, den Lauch und den Paprika putzen. Das Gemüse in feine Streifen schneiden. Das Sesamöl in einer Wokpfanne oder einem großen Topf erhitzen und erst die Karotten- und Selleriestreifen, anschließend auch das Fleisch und die restlichen Gemüsestreifen kurz anschwitzen. Die Füllung mit Salz, Pfeffer und Currypulver würzen und abkühlen lassen.

Den Kartoffelteig zwischen 2 Lagen Backpapier dünn ausrollen. Die obere Lage Backpapier entfernen und die Füllung auf dem Teig verteilen. Mithilfe der unteren Papierlage den Teig zu einem festen Strudel aufrollen. Den Strudel vorsichtig auf dem Backpapier auf ein Backblech legen. Die Eigelb mit der Sahne verquirlen und den Strudel damit einpinseln. Den Strudel im auf 170 °C vorgeheizten Backofen (Ober-/Unterhitze) 45 Minuten goldgelb backen. Anschließend aus dem Ofen nehmen und in dicke Scheiben aufschneiden.

Anrichten: Die Strudelscheiben auf die Teller verteilen und mit Chilisaucentupfern garnieren.

DÜSSELDORFER SENFROSTBRATEN VOM WILDSCHWEIN MIT LYONER KARTOFFELN UND PAPRIKASALAT

Für 4 Personen | Zubereitungszeit: ca. 45 Minuten plus 2 Stunden Marinierzeit

Für den Paprikasalat
1 gelbe Paprikaschote
1 rote Paprikaschote
2 rote Zwiebeln
4 EL Weißweinessig
6 EL Sonnenblumenöl
Salz
frisch gemahlener schwarzer Pfeffer
Zucker

Für die Lyoner Kartoffeln
100 g Zwiebel
2 EL neutrales Pflanzenöl
800 g vorgekochte Kartoffeln
1 EL Butter
Salz
frisch gemahlener schwarzer Pfeffer

Für den Düsseldorfer Senfrostbraten
4 fingerdicke, gut marmorierte Fleischscheiben (à ca. 200 g, Keule oder Rücken)
Salz
frisch gemahlener schwarzer Pfeffer
2 Zwiebeln
Mehl Type 405
4 EL mittelscharfer Senf (z. B. Kühne)
2 EL neutrales Pflanzenöl

Zum Anrichten
dunkle Jus

Paprikasalat: Die beiden Paprikaschoten waschen und entkernen. Die Zwiebeln abziehen. Die Paprikaschoten und die Zwiebeln in Juliennestreifen schneiden. Den Essig und das Öl verrühren und mit Salz, Pfeffer und Zucker abschmecken. Die Gemüsestreifen damit marinieren und 2 Stunden ziehen lassen.

Lyoner Kartoffeln: Die Zwiebel abziehen und in feine Streifen schneiden. Das Öl in einer Pfanne erhitzen und die Kartoffelscheiben darin anbraten. Sobald die Kartoffeln Farbe annehmen, die Zwiebeln untermischen. Vor dem Servieren die Butter hinzugeben und mit Salz und Pfeffer würzen.

Senfrostbraten: Die Fleischscheiben zwischen 2 Lagen Frischhaltefolie flachklopfen und mit Salz sowie Pfeffer würzen. Die Zwiebel abziehen und in feine Würfel schneiden. Eine dicke Schicht Mehl in eine flache Schale geben. Eine Seite der Steaks dünn mit Senf bestreichen, die Zwiebelwürfel darauf streuen und leicht andrücken. Anschließend die Seite mit der Zwiebel-Senf-Schicht in die Mehlschicht drücken. Das Öl in der Pfanne erhitzen und die Steaks 2 Minuten mit der Senfschicht nach unten braten. Wenn die Bratenstücke eine goldgelbe Farbe erreicht haben und die Zwiebeln gar sind, die Steaks wenden und etwa 1½ Minuten von der anderen Seite braten. Die Steaks nur einmal wenden, da sich die Senfschicht vom Fleisch lösen könnte.

Anrichten: Die Lyoner Kartoffeln mittig auf die Teller verteilen. Den Senfrostbraten darauf anrichten und mit dunkler Jus garnieren. Den Paprikasalat separat dazu reichen.

GEFÜLLTE WILDSCHWEINFILETS

Für 4 Personen | Zubereitungszeit: ca. 45 Minuten

Für das gefüllte Wildschweinfilet

100 g Trockenfrüchte
1 EL Rum
100 ml Apfelsaft
100 g Butter
3 Scheiben Pumpernickel
2 Wildschweinfilets (à ca. 350 g)
Salz
frisch gemahlener schwarzer Pfeffer
1 Gemüsezwiebel
2 EL Olivenöl
3 EL Weißweinessig
200 ml trockener Weißwein

Zum Anrichten

Sellerie-Kartoffelpüree oder Kartoffeln

Gefülltes Wildschweinfilet: Die Trockenfrüchte klein hacken. Den Rum mit dem Apfelsaft vermischen und die Trockenfrüchte darin einweichen. Die Butter schaumig schlagen. Die Trockenfrüchte leicht ausdrücken und zusammen mit den zerbröselten Pumpernickelscheiben untermischen. Die Füllung in einen Spritzbeutel umfüllen. Die Wildschweinfilets sauber parieren und mit einem Holzlöffelstiel der Länge nach in der Mitte einen Hohlraum aufbohren. Die Füllung in den Hohlraum spritzen. Dann die Filets rundherum mit Salz und Pfeffer würzen. Die Zwiebel abziehen und in feine Streifen schneiden. Das Öl in einem Bräter erhitzen und die Filets scharf anbraten. Die Zwiebeln zugeben und ebenfalls gut anbraten. Dann die Filets 15 Minuten im auf 200 °C vorgeheizten Backofen (Ober-/Unterhitze) braten. Anschließend die Filets aus dem Bräter nehmen und kurz ruhen lassen. Den Bratrückstand mit dem Essig und dem Weißwein ablöschen und die Sauce bei mittlerer Temperatur etwa 7 Minuten köcheln lassen. Mit Salz und Pfeffer abschmecken. Vor dem Servieren die Filets quer halbieren oder in 4 Tranchen schneiden.

Anrichten: Die gewählte Beilage auf die vorgewärmten Teller portionieren und die Filettranchen mit der Schnittfläche nach vorne anrichten. Mit etwas Jus beträufeln.

KOTELETTS VOM FRISCHLING MIT FRÜHLINGSSALAT

Für 4 Personen | Zubereitungszeit: ca. 30 Minuten

Für den Frühlingssalat
Feldsalat
Lollo Rosso
½ Bund Rucola
gemischte Wildkräuter (z. B. Sauerampfer, Brunnenkresse, Pimpernelle, Bärlauch, Brennnessel)
½ Bund gemischte Kräuter (z. B. Schnittlauch, Zitronenmelisse)

Für die Koteletts
1 Bund Thymian
1 Zweig Rosmarin
8 Koteletts vom Frischling
Salz
grob gemahlener schwarzer Pfeffer
2 EL Sonnenblumenöl
2 EL Kräuterbutter

Frühlingssalat: Die Salatzutaten gründlich putzen, waschen und trockenschütteln. Gegebenenfalls die Salatblätter etwas zerkleinern. Die Kräuter fein schneiden.

Koteletts: Die Kräuter waschen und trockenschütteln. Die Thymianblättchen und die Rosmarinnadeln abzupfen. Die Koteletts mit Salz und Pfeffer würzen. Das Öl in einer Pfanne erhitzen und die Koteletts 1½ Minuten pro Seite anbraten. Die vorbereiteten Kräuter zugeben. Mit einem Löffel das Bratfett immer wieder über die Koteletts schöpfen. Nach weiteren 1½ Minuten die Kräuterbutter zugeben. Dabei darauf achten, dass die Kräuterbutter nicht zu dunkel wird. Die Koteletts nochmals mit Bratfett und der geschmolzenen Kräuterbutter begießen. Anschließend die Koteletts 3 Minuten ruhen lassen.

Anrichten: Den Frühlingssalat auf die Teller verteilen und die Koteletts daneben anrichten. Etwas Bratbutter darüber träufeln.

MARINIERTER SAUERBRATEN VOM KEILER

Für 4 Personen | Zubereitungszeit: ca. 2 ½ Stunden plus 5–7 Tage Marinierzeit

Für den Sauerbraten

1 kg Wurzelgemüse (Sellerie, Möhren, Zwiebeln)
4 Lorbeerblätter
8 Wacholderbeeren
6 Nelken
1 EL Senfkörner
300 ml Essig
Zucker
Salz
1 EL schwarze Pfefferkörner
1 kg Fleisch ohne Knochen (Nacken, Schulter oder Keule)
2 EL neutrales Pflanzenöl
2 EL Rübenkraut
2 EL Johannisbeergelee
1–2 TL Maisstärkemehl (optional)

Für die Preiselbeer-Äpfel

2 Äpfel (z. B. Red Prince)
2 EL Butter
4 EL Preiselbeeren

Zum Anrichten

Rotkohl
Klöße
Backobst
Mandelblättchen

Sauerbraten: Das Wurzelgemüse schälen und in walnussgroße Stücke schneiden. Die Lorbeerblätter, die Wacholderbeeren, die Nelken und die Senfkörner in ein Gewürzsäckchen geben. 1 l Wasser in einem großen Topf zum Kochen bringen, den Essig hinzugeben und mit Zucker und Salz abschmecken. Die Pfefferkörner, das Wurzelgemüse und das Gewürzsäckchen beifügen. Den Topf vom Herd ziehen, das Fleisch einlegen und 5–7 Tage zugedeckt und kühlgestellt marinieren.

Anschließend das Fleisch herausnehmen, abtropfen lassen und mit Küchenpapier gut trockentupfen. Die Marinade durch ein Sieb gießen und dabei auffangen. Das Wurzelgemüse gut abtropfen lassen, aus dem Sieb nehmen und beiseitestellen. Das Öl in einem Bräter erhitzen und das Fleisch gut anbraten. Das abgetropfte Wurzelgemüse zugeben und ebenfalls anbraten.

Dann mit der Marinade ablöschen und den Sauerbraten abgedeckt 1½–2 Stunden langsam weich schmoren. Gelegentlich kontrollieren, ob noch ausreichend Flüssigkeit vorhanden ist und bei Bedarf etwas Wasser angießen. Sobald das Fleisch weich ist (Garprobe), dieses herausnehmen und warmstellen. Die Sauce durch ein Sieb in einen Topf passieren und wieder erhitzen. Das Rübenkraut und das Johannisbeergelee unterrühren und einige Minuten köcheln lassen. Nach Wunsch die Sauce mit dem in etwas kaltem Wasser glatt gerührten Maisstärkemehl binden. Das Fleisch vor dem Servieren in Scheiben aufschneiden.

Preiselbeer-Äpfel: Die Äpfel halbieren, das Kerngehäuse mit einem spitzen Messer so entfernen, dass ein schöner Hohlraum entsteht. Die Wölbung etwas begradigen, damit die Apfelhälften einen guten Stand haben. Die Butter in einer Pfanne erhitzen und die Äpfel auf beiden Seiten braten. Die Hohlräume der Apfelhälften mit je einem EL Preiselbeeren füllen.

Anrichten: Die Preiselbeer-Äpfel auf die Teller verteilen. Die Fleischscheiben anrichten und mit reichlich Sauce übergießen. Den Rotkohl und die Klöße daneben platzieren. Mit den Mandelblättchen garnieren.

WILDSCHWEINFILETMEDAILLONS IM SPECKMANTEL AN SPARGELTOAST

Für 4 Personen | Zubereitungszeit: ca. 45 Minuten

Für den Spargeltoast
3 Eigelb
100 ml trockener Weißwein
100 g zimmerwarme flüssige Butter
1 Spritzer Estragonessig
1 Spritzer Worcestershiresauce
Salz
frisch gemahlener schwarzer Pfeffer
2 EL fein geschnittener Estragon
12 Stangen Spargel
Zucker
4 Scheiben Toastbrot

Für die Wildschweinmedaillons
12 Scheiben Bacon
12 parierte Wildschweinmedaillons (à 40 g)
Salz
frisch gemahlener schwarzer Pfeffer
2 EL Butterschmalz
4 Spieße

Zum Anrichten
4 Zweige Estragon

TIPP

Die nicht verwendeten unteren Spargelanteile ebenfalls schälen und z. B. für eine Suppe verwenden.

Spargeltoast: Für die Estragon-Butter-Sauce das Eigelb und den Weißwein in einen kleinen Topf geben und über einem Wasserbad cremig schlagen. Die Temperatur dieser Masse muss 60 Grad betragen (gegebenenfalls mit einem Küchenthermometer kontrollieren). Die flüssige Butter unterschlagen und mit Estragonessig, Worcestershiresauce, Salz und Pfeffer abschmecken. Abschließend den Estragon unterrühren.

Die Spargelstangen schälen und auf die Länge der Toastscheiben kürzen. Etwas Wasser in einem Topf zum Kochen bringen, mit Salz und Zucker würzen und die Spargelspitzen etwa 8 Minuten bissfest kochen. Anschließend die Spargelstangen gut abtropfen lassen.

Wildschweinmedaillons: Je eine Scheibe Bacon um die Schweinemedaillons wickeln. Je drei Schweinemedaillons eng nebeneinanderlegen und mit einem Spieß fixieren. Mit Salz und Pfeffer würzen. Das Butterschmalz in einer Pfanne bei mittlerer Temperatur erhitzen und die Spieße von jeder Seite 2–3 Minuten langsam braten. Vor dem Servieren die Spieße entfernen. Nach Belieben ein Medaillon quer halbieren und mit der Schnittfläche nach oben anrichten.

Anrichten: Die Toastbrote auf den Tellern platzieren und die Spargelstangen daneben anlegen. Mit etwas Estragon-Butter-Sauce übergießen. Je drei Medaillons daneben anrichten und etwas vom Fleischsaft aus der Pfanne darübergeben. Mit dem Estragon garnieren.

WILDSCHWEINMEDAILLONS MIT PILZSAUCE UND ROTWEIN-APFEL-KOMPOTT

Für 4 Personen | Zubereitungszeit: ca. 40 Minuten

Für die Wildschweinmedaillons

1 rote Zwiebel
2 Knoblauchzehen
1 Zweig Rosmarin
1 Zweig Thymian
800 g Filet vom Wildschwein
4 EL Olivenöl
1 EL flüssiger Honig
150 ml lieblicher Rotwein
1 EL Rosinen
50 g Backpflaumen
150 g geputzte Pilze
Salz
frisch gemahlener schwarzer Pfeffer

Für das Rotwein-Apfel-Kompott

250 ml trockener Rotwein
50 ml Portwein (oder Sherry)
1 Zimtstange (10 cm Länge)
12 schwarze Pfefferkörner
1 Sternanis
3 Äpfel (z. B. Cox Orange)
100 g brauner Rohrzucker

Zum Anrichten

Kartoffelpüree mit gehacktem Bärlauch

Wildschweinmedaillons: Die Zwiebel und den Knoblauch abziehen und in feine Würfel schneiden. Die Kräuter waschen, trockenschütteln, abzupfen und fein hacken. Das Filet sauber parieren und in Medaillons schneiden. 2 EL Olivenöl in einer Pfanne erhitzen und die Medaillons von jeder Seite 3–4 Minuten anbraten. Aus der Pfanne nehmen und warm stellen. Das restliche Öl (2 EL) erhitzen und die Zwiebeln und den Knoblauch anbraten. Den Honig zufügen und leicht karamellisieren lassen. Mit dem Rotwein ablöschen. Die gehackten Kräuter, die Rosinen, die klein geschnittenen Backpflaumen und die Pilze unterrühren. Mit Salz und Pfeffer abschmecken. Die Medaillons auf die Sauce legen, die Pfanne abdecken und die Medaillons etwa 10 Minuten bei niedriger Temperatur zu Ende garen.

Rotwein-Apfel-Kompott: Den Rotwein und den Portwein mit der Zimtstange, den Pfefferkörnern und dem Sternanis um zwei Drittel einkochen lassen. Durch ein Sieb in einen Topf passieren und die Gewürze entfernen. Die Äpfel schälen, vierteln, das Kerngehäuse entfernen und in Stücke schneiden. Die Apfelwürfel in die Rotweinsauce geben und den Rohrzucker unterrühren. Bei mittlerer Hitze unter häufigem Rühren zugedeckt kochen, bis die Äpfel weich sind.

Anrichten: Das Kartoffelpüree auf die vorgewärmten Teller spritzen und die Medaillons mit dem Rotwein-Apfel-Kompott daneben anrichten. Die Pilzsauce über die Medaillons geben.

WILDSCHWEINSCHULTER MIT AACHENER-PRINTEN-SAUCE

Für 4 Personen | Zubereitungszeit: ca. 140 Minuten

Für die Wildschweinschulter

1 Bund Rosmarin
1 Bund Thymian
200 g Karotten
200 g Knollensellerie
400 g Zwiebeln
1 ausgelöste Schulter vom Überläufer (ca. 1,5 kg)
Salz
frisch gemahlener schwarzer Pfeffer
2 EL neutrales Pflanzenöl
2 EL Tomatenmark
600 ml trockener Rotwein
6 Sternanis
2 Zimtstangen
6 Lorbeerblätter
6 Wacholderbeeren
6 Knoblauchzehen
1 l Wildfond
100 g Johannisbeergelee
100 g Aachener Printen

Zum Anrichten

Semmelknödel oder Spätzle
Apfelrotkohl

Zubereitung: Die Kräuter waschen, trockenschütteln, die Blättchen bzw. Nadeln von je 2 Zweigen abzupfen und fein hacken, die restlichen Zweige beiseitelegen. Die Karotten und den Sellerie schälen, die Zwiebeln abziehen und alles in Würfel schneiden. Das Fleisch sauber parieren. Die Innenseite des Fleisches mit Salz, Pfeffer und gehackten Kräutern würzen.

Den Braten dann mit Küchengarn so zusammenbinden, dass die Seite, an der der Knochen ausgelöst wurde, nach innen gewendet ist. Den Braten auf der Außenseite würzen. Das Öl in einer Kasserolle erhitzen und den Braten rundherum anbraten. Den Braten entnehmen und beiseitestellen. Die Gemüsewürfel zugeben und anrösten. Das Tomatenmark unterrühren und ebenfalls anrösten. Mit der Hälfte des Rotweines ablöschen und diesen einkochen. Anschließend den restlichen Rotwein, den Sternanis, die Zimtstangen, die Lorbeerblätter, die Wacholderbeeren, den geschälten Knoblauch und den Braten in die Kasserolle geben.

Den Braten für ca. 30 Minuten im auf 180 °C vorgeheizten Backofen (Ober-/Unterhitze) ohne Deckel garen. Dann den Wildfond sowie die beiseitegelegten Rosmarin- und Thymianzweige zugeben. Die Kasserolle abdecken, die Ofentemperatur auf 160 °C reduzieren und den Braten ca. 90 Minuten schmoren lassen. Der Braten ist gar, wenn er innen weich ist (Stichprobe mit einer Fleischgabel). Den Braten aus der Sauce nehmen und warm stellen. Die Schmorflüssigkeit sollte ca. 1 l sein, ansonsten mit Wasser auffüllen.

Die Sauce durch ein feines Sieb in einen Topf passieren. Bei niedriger Temperatur köcheln lassen und dabei sich absetzendes Fett abschöpfen. Das Johannisbeergelee und die zerbröselten Aachener Printen unterrühren. Vor dem Servieren das Küchengarn entfernen und den Braten in Scheiben schneiden.

Anrichten: Den aufgeschnittenen Braten auf einer Servierplatte anrichten und mit den Gewürzen und dem Gemüse garnieren. Die Sauce separat in einer Sauciere anrichten. Die Beilagen in separaten Schalen servieren.

WILDSCHWEINSÜLZE

Für 4 Personen | Zubereitungszeit: ca. 140 Minuten plus mehrere Stunden Kühlzeit

Für die Wildschweinsülze

1 kg Fleisch (z. B. Keule)
2 Karotten
1 Gemüsezwiebel
6 schwarze Pfefferkörner
4 Wacholderbeeren
1 Lorbeerblatt
Essig
Salz
40 g Gelatine
3 große Gewürzgurken
20 grüne Pfefferkörner in Lake

Zum Anrichten

Bratkartoffeln
4 Essiggurken
gemischter Salat

Wildschweinsülze: Das Fleisch sauber parieren. Die Karotten schälen, die Zwiebel abziehen und alles in kleine Würfel schneiden. Das Fleisch mit den Gemüsewürfeln in 2 l kaltem Wasser ansetzen. Die Pfefferkörner, die Wacholderbeeren und das Lorbeerblatt zugeben und alles zum Kochen bringen. Das Fleisch ca. 2 Stunden köcheln lassen. Dann aus dem Kochsud heben, gut abtropfen lassen und in kleine Würfel schneiden. Den Sud durch ein Sieb gießen und mit Salz und Essig abschmecken. Die Gewürzkörner aussortieren und verwerfen, die Gemüsewürfel beiseitestellen. Die Gelatine entsprechend der Anweisung auf der Packung vorbereiten und unter den Kochsud rühren. Die Gewürzgurken in feine Würfel schneiden. Die Fleisch-, Gemüse- und Gurkenwürfel und die abgetropften grünen Pfefferkörner in eine Terrinenform oder Portionsgläser füllen. Die Brühe auffüllen und kaltstellen. Vor dem Servieren die Terrine stürzen und aufschneiden.

Anrichten: Die Bratkartoffeln auf die Teller verteilen und die Wildschweinsülze daneben anrichten. Mit den aufgeschnittenen Essiggurken garnieren. Den gemischten Salat in separaten Schalen daneben anrichten.

PULLED PORK BURGER

Für 8 Personen | Zubereitungszeit: ca. 30 Minuten | Garzeit: 1 Stunde

Für das Pulled Pork

1–5 kg Wildschweinschulter, ausgelöst
Salz
frisch gemahlener schwarzer Pfeffer
Paprikapulver edelsüß
gemahlener Kümmel
gemahlener Koriander
4 EL Sweet Chili Sauce
2 EL mittelscharfer Senf
3 Gemüsezwiebeln
5 Knoblauchzehen
1 rote Chilischote
2 Zweige Rosmarin
etwas feine Speisestärke

Zum Anrichten

6 getoastete Bürgerbrötchen
Spinat
8 EL mit etwas Pfeffer cremig gerührte saure Sahne oder Sour Cream

Pulled Pork: Das Wildscheinfleisch mit Salz, Pfeffer und den Gewürzen einreiben.

Die Sweet Chili Sauce mit dem Senf glatt rühren und in einer Schale verteilen. Das gewürzte Fleisch darin wenden, bis es vollständig bedeckt ist. Das Fleisch in eine Kasserolle legen. Die Zwiebeln abziehen. Von einer Zwiebel einige schöne Ringe schneiden und diese bis zum Anrichten beiseitestellem. Die restlichen Zwiebeln in Würfel schneiden. Den Knoblauch abziehen und in feine Würfel schneiden. Die Chilischote in feine Ringe schneiden. Enige Chiliringe bis zum Anrichten beiseitestellen. Die Zwiebel- und Knoblauchwürfel und die Chiliringe sowie die Rosmarinzweige um das Fleisch herum verteilen. 2 Tassen Wasser angießen. Die Kasserolle in den auf 130°C (Umluft) vorgeheizten Backofen stellen und das Fleisch darin etwa 1 Stunde garen. Das Fleisch nach der Hälfte der Garzeit wenden. Das gare Fleisch aus dem Ofen nehmen und auf einen Teller legen.

Den Bratensaft durch ein Sieb in einen Topf gießen. Den Fond aufkochen und mit etwas in kaltem Wasser angerührten Speisestärke schön sämig binden. Das abgekühlte Fleisch mit den Fingern faserig zerzupfen und in eine Schüssel geben. Die Sauce darübergeben und alles vermengen. Die beiseitegestellten Zwiebelringe und die Chuliringe in einer kleinen Pfanne anbraten. Bis zum Anrichten beiseitestellen.

Anrichten: Die getoasteten Burgerbrötchen aufschneiden. Auf die unteren Hälften etwas Pulled Pork geben. Darauf einige gebratene Zwiebelringe und Chiliringe legen. Je 1 EL saure Sahne oder Sour Cream darübergeben und die oberen Brötchenhälften darauflegen. Auf jedem Teller kreisförmig einige Spinatblätter anrichten und einen Burger in die Mitte setzen.

137

FRISCHLINGSRÜCKEN MIT ZWIEBEL-SENF-KRUSTE

Für 4 Personen | Zubereitungszeit: ca. 45 Minuten

Für den Frischlingsrücken
200 g weiße Zwiebeln
1 EL Butter
Salz
100 ml trockener Weißwein
1 Zweig Thymian
1 EL grüne Pfefferkörner
2 EL Crème fraîche
1 EL mittelscharfer Senf
600 g parierter Frischlingsrücken
1 EL Butterschmalz

Frischlingsrücken: Die Zwiebeln abziehen und fein schneiden. Die Butter erhitzen und die Zwiebeln darin anschwitzen. Mit Salz würzen und mit dem Wein ablöschen. Anschließend die Flüssigkeit einkochen lassen. Den Thymian waschen, trockenschütteln, abzupfen und fein hacken. Dann den Thymian, die Pfefferkörner, die Crème fraîche und den Senf unterrühren. Das Ganze leicht köcheln lassen bis eine pastenartige Konsistenz erreicht ist. Den Frischlingsrücken in Tranchen à 150 g schneiden. Das Butterschmalz in einer Pfanne erhitzen und die Fleischstücke anbraten. Die Zwiebelmasse auf die Fleischstücke verteilen und im auf 180 °C vorgeheizten Backofen (Grillstufe) etwa 10 Minuten gratinieren. Anschließend vor dem Servieren noch etwa 3 Minuten ruhen lassen.

WILDSCHWEINBLATT MIT ANANAS

Für 4 Personen | Zubereitungszeit: ca. 2 Stunden

Für das Wildschweinblatt

1 Schulter eines Überläufers (ca. 1,5 kg)
1 EL Olivenöl
Wildgewürzmischung
10 Wacholderbeeren
1 Ananasscheiben (ca. 450 g Abtropfgeweicht, Konserve)

Wildschweinblatt: Eine Auflaufform mit Alufolie auslegen. Die Wildschweinschulter sauber parieren und auf die Alufolie legen. Mit dem Olivenöl einpinseln und mit der Gewürzmischung würzen. Die Wacholderbeeren darauflegen. Die Schulter 10 Minuten im auf 200 °C vorgeheizten Backofen (Ober-/Unterhitze) braten. Dann aus dem Ofen nehmen und die Schulter komplett mit den abgetropften Ananasscheiben bedecken. Die Schulter dann im 180 °C warmen Backofen 1½ Stunden fertig garen. Vor dem Servieren die Ananasscheiben entfernen und verwerfen. Die Schulter kurz ruhen lassen und in Tranchen aufschneiden.

Anrichten: Die Fleischtranchen auf den vorgewärmten Tellern platzieren und etwas gegarten Reis daneben anrichten.

TIPP

Unter einem Überläufer versteht man ein junges Wildschwein im Alter zwischen 12 und 24 Monaten.

WILDSCHWEINPASTETE MIT EINGELEGTEM HASENFILET

Für 4 Personen | Zubereitungszeit: ca. 90 Minuten plus 6 Stunden Marinierzeit

Für die Hasenfilets

2 Hasenfilets
35 g Pökelsalz

Für den Pastetenteig

500 g Roggenbrotteig (Backmischung)
100 g Schwarzbrot

Für die Farce

300 g Wildschweinleber
300 g Butterschmalz
300 g frische Eier (5–6 Eier)
2 Prisen Zucker
75 g Pinienkerne
70 g Backpflaumen
25 g getrocknete Feigen
50 g grüne Pistazien
5 g eingelegte grüne Pfefferkörner
100 g Preiselbeerkompott
20 ml Grand Marnier
20 ml Cognac
Salz
frisch gemahlener schwarzer Pfeffer

Für die Fertigstellung

einige Blätter Rotkohl ohne Strunk
Baconscheiben

Zum Anrichten

Apfelscheiben
Feigen
Preiselbeerkompott
Kräuterzweige

Hasenfilets: Die Hasenfilets sauber parieren. Aus 500 ml Wasser und 35 g Pökelsalz eine Pökellake herstellen. Die Hasenfilets in der Lake zugedeckt 6 Stunden an einem kühlen Ort einlegen.

Pastetenteig: Die Backmischung entsprechend den Angaben des Herstellers vorbereiten und 1 Stunde gehen lassen. Dann das Schwarzbrot fein reiben und unter den Roggenbrotteig kneten.

Farce: Die Wildschweinleber sauber parieren und grob zerkleinern. Das Butterschmalz schmelzen und zusammen mit der Leber, den Eiern und dem Zucker in einem Standmixer fein pürieren. Die Masse dann durch ein feines Sieb in eine Rührschüssel streichen. Die Pinienkerne in einer beschichteten Pfanne ohne Fettzugabe leicht rösten. Die Backpflaumen und die Feigen etwas zerkleinern. Die Pistazien hacken. Alles zusammen mit den abgetropften Pfefferkörnern, dem Preiselbeerkompott, dem Grand Marnier und dem Cognac zur Farce geben. Die Farce gut verrühren und mit Salz und Pfeffer abschmecken.

Fertigstellung: Die Pastetenform mit Backpapier auskleiden. Den Brotteig auf der Arbeitsfläche dünn ausrollen und die Form damit auskleiden. Die Rotkohlblätter plattieren und als weitere Schicht in die Pastetenform einpassen. Dann eine Schicht Bacon einlegen. Eine Schicht Farce in die Form geben und die gepökelten Hasenfilets hineinlegen. Dann die Pastetenform mit der Farce auffüllen. Die Pastetenform anfangs im auf 120 °C vorgeheizten Backofen auf eine Kerntemperatur von 55 °C erwärmen (Zur Kontrolle eine Bratenthermometer verwenden).

Dann die Temperatur auf 160 °C erhöhen und die Pastet bis zu einer Kerntemperatur von 76 °C garen. Anschließend die Pastete aus der Form stürzen und vor dem Servieren in dicke Scheiben aufschneiden.

Anrichten: Die Wildschweinpastete auf den Tellern anrichten. Den Salat mit den Granatapfelkernen und die in Scheiben geschnittenen schwarzen Nüsse daneben platzieren. Mit aufgeschnittenen Cocktailtomaten und Kräuterzweigen garnieren. Die Apfelscheiben und Feigen daneben platzieren und mit einem Klecks Preiselbeerkompott und Kräuterzweigen garnieren.

WRAP MIT WILDBRET

Für 4 Personen | Zubereitungszeit: ca. 30 Minuten

Für den Wrap

400 g kalte Bratenreste (Wildschwein, Reh oder Hirsch)
2 Stangen Staudensellerie
½ Gurke
2 Tomaten
1 rote Paprikaschote
1 gelbe Paprikaschote
1 rote Zwiebeln
Zitronensaft
Salz
frisch gemahlener schwarzer Pfeffer
4 EL Mayonnaise
Tortillas (Kühltheke)
Sweet Chili Sauce

Wrap: Den Braten vom Vortag in feine Streifen schneiden. Das Gemüse waschen, putzen und soweit erforderlich schälen und die Kerne entfernen. Die Zwiebel abziehen. Das Gemüse in feine Juliennestreifen schneiden, in eine Schüssel geben und mit Zitronensaft, Salz und Pfeffer würzen. Mayonnaise zugeben und gut vermischen. Die Tortillablätter nach den Angaben des Herstellers vorbereiten, auf der Arbeitsfläche auslegen und mit dem Gemüse belegen. Die Bratenstreifen gleichmäßig darauf verteilen. Nach Belieben mit der Sweet Chili Sauce würzen und fest tütenförmig einrollen.

TIPP

Die einzelnen Komponenten können auch in separaten Schalen auf den Tisch gestellt werden. So kann sich jeder seinen eigenen Wrap zusammenstellen.

MAULTASCHEN GEFÜLLT MIT WILDHACKFLEISCH

Für 4 Personen | Zubereitungszeit: ca. 90 Minuten plus 1 Stunde Ruhezeit

Für den Nudelteig
300 g Mehl Tipo 00
2 Eier
4 Eigelb
⅓ TL Salz

Für die Maultaschen
2 rote Zwiebeln
½ Bund glatte Petersilie
3 Eier
200 g Wildhackfleisch
½ Bund Schnittlauch
100 ml flüssige Sahne
1 EL mittelscharfer Senf
2 EL Paniermehl
Salz
frisch gemahlener schwarzer Pfeffer
frisch geriebene Muskatnuss

Für die Fertigstellung
1 Eigelb

Zum Anrichten
Rheinischer »Spieß« (Kartoffelpüree mit Frisée-Salat)
Schnittlauchröllchen
Wildjus

Nudelteig: Das Mehl in eine Rührschüssel sieben und die Eier, Eigelb und das Salz zugeben. Mithilfe der Knethaken der Küchenmaschine zu einem homogenen Teig kneten. Den Teig auf die Arbeitsfläche kippen und noch etwa 10 Minuten kräftig durchkneten. Anschließend eine Teigkugel formen, in Frischhaltefolie einschlagen und für 1 Stunde in den Kühlschrank legen.

Maultaschen: Zwiebeln abziehen und in feine Würfel schneiden. Die Petersilie waschen, trockenschütteln, die dickeren Stiele entfernen und den Rest grob zerkleinern. Die Petersilie zusammen mit den Eiern in einem Standmixer fein pürieren. Die Kräuter-Ei-Mischung mit dem Wildhackfleisch und den Zwiebeln in eine Schüssel geben. Den Schnittlauch waschen, trockenschütteln, in feine Röllchen schneiden und mit den restlichen Zutaten zugeben. Mit Salz, Pfeffer und Muskatnuss abschmecken und die Füllung gut vermischen. Die Füllung in einen Spritzsack füllen.

Fertigstellung: Den Nudelteig in 2–3 Portionen teilen und diese nacheinander mit einem Teigroller dünn zu Rechtecken ausrollen. Diese auf einer Silikonmatte mit der langen Seite nach unten auslegen. Einen dicken Strang Füllung längs aufspritzen und auf der oberen Hälfte der Teigplatte verteilen, sodass oben ein freier Rand bleibt. Dann oben beginnend mithilfe der Silikonmatte diesen freien Rand über die Füllung klappen und das Ganze noch einmal umklappen. Unten muss dabei ein etwa 2 cm breiter Rand frei bleiben. Mit einem Stäbchen Trennlinien für die einzelnen Maultaschen in die Rolle drücken.

Den freien Rand mit verquirltem Eigelb bestreichen. Entlang der Trennlinien die Maultaschen mit einem scharfen Messer abtrennen, die Maultaschen auf den bestrichenen Rand umklappen und etwas festdrücken. In einem großen Topf Salzwasser zum Kochen bringen, die Maultaschen hineingleiten und etwa 4 Minuten gar ziehen lassen.

Anrichten: Den Rheinischen Spieß auf den Tellern verteilen und die Maultaschen darauf anrichten. Mit Schnittlauchröllchen garnieren und etwas Wildjus darüberträufeln.

HACKBRATEN »FALSCHER HASE«

Für 4 Personen | Zubereitungszeit: ca. 120 Minuten

Für den Hackbraten

6 Eier
2 große weiße Zwiebeln
4 Knoblauchzehen
2 EL Olivenöl
1 Bund glatte Petersilie
2 Zweige Thymian
2 Zweige Rosmarin
1 kg Hackfleisch (Hirsch oder Wildschwein)
2 EL mittelscharfer Senf
300 ml flüssige Sahne
100 g Paniermehl
Salz
frisch gemahlener schwarzer Pfeffer
100 g dünn geschnittenen Wildschweinschinken
3 EL flüssige Butter

Zum Anrichten

Pilzragout
Salbeiblätter

Hackbraten: 4 Eier hart kochen, abkühlen lassen und schälen. Die Zwiebeln und den Knoblauch abziehen und in feine Würfel schneiden. Das Olivenöl in einer Pfanne erhitzen und die Zwiebeln und den Knoblauch anschwitzen. Dann die Pfanne vom Herd ziehen und abkühlen lassen. Die Kräuter waschen, trockenschütteln und die Blätter bzw. Nadeln abzupfen. Das Fleisch mit den Kräutern, den Zwiebeln und dem Knoblauch durch den Fleischwolf in eine Schüssel drehen. Den Senf, die Sahne, das Paniermehl sowie die restlichen Eier (2) zugeben. Mit Salz und Pfeffer würzen und gut durchkneten. Den Fleischteig zu einer Rolle formen, die hartgekochten Eier mittig hineindrücken und die Rolle wieder formen. Den Wildschweinschinken auf der Arbeitsfläche leicht überlappend auslegen die Hackfleischrolle darauflegen und komplett umhüllen. Die Hackfleischrolle in einen Bräter legen und gut mit der Butter einpinseln. Den Bräter für 1 ½ Stunden in den auf 130 °C vorgeheizten Backofen (Ober-/Unterhitze) stellen. Vor dem Servieren den Hackbraten in dicke Scheiben aufschneiden.

Anrichten: Das Pilzragout auf die Teller verteilen und die Hackbratenscheiben darauf anrichten. Mit einigen Salbeiblättern garnieren.

TIPP

Als kalter Aufschnitt ist der »falsche Hase« ein schmackhafter Brotbelag.

GEMISCHTER GRILLTELLER

Für 4 Personen | Zubereitungszeit: ca. 30 Minuten plus 24 Stunden Marinierzeit.

Für die Wildschweinsteaks
1 Zweig Majoran
1 EL mittelscharfer Senf
2 EL Sweet Chili Sauce
Salz
frisch gemahlener schwarzer Pfeffer
4 Wildschweinsteaks aus der Keule

Für die Hirschsteaks
1 Zweig Rosmarin
1 Knoblauchzehe
1 EL Rapsöl
Salz
frisch gemahlener schwarzer Pfeffer
4 Hirschsteaks aus der Keule

Für die Rehsteaks
1 Zweig Thymian
1 EL Rapsöl
1 Prise brauner Zucker
Salz
frisch gemahlener schwarzer Pfeffer
4 Rehsteaks aus der Keule

Wildschweinsteaks: Den Majoran waschen, trockenschütteln, abzupfen und fein hacken. Aus dem Majoran, dem Senf, der Chilisauce, Salz und Pfeffer eine Marinade rühren und die Wildschweinsteaks 24 Stunden abgedeckt und gekühlt darin einlegen.

Hirschsteaks: Den Rosmarin waschen, trockenschütteln, abzupfen und fein hacken. Den Knoblauch abziehen und fein hacken. Aus dem Rosmarin, dem Knoblauch, dem Öl, Salz und Pfeffer eine Marinade rühren und die Hirschsteaks 24 Stunden abgedeckt und gekühlt darin einlegen.

Rehsteaks: Den Thymian waschen, trockenschütteln, abzupfen und fein hacken. Aus dem Thymian, dem Öl, dem Zucker, Salz und Pfeffer eine Marinade rühren und die Rehsteaks 24 Stunden abgedeckt und gekühlt darin einlegen.

Fertigstellung: Die Steaks etwas abtropfen lassen und auf dem heißen Grillrost legen und unter einmaligem Wenden einigen Minuten bis zum gewünschten Garpunkt grillen.

Anrichten: Je ein Wildschwein-, Hirsch- und Rehsteak auf den vorgewärmten Tellern anrichten.

HASE & KANINCHEN

154

DER WILDHASE

Sein Gewicht im Balg beträgt etwa 5 Kilogramm. Kenner schätzen das dunkle, würzige, fein faserige Wildbret mit Wildaroma. »Der Hase braucht Zucker«, ist eine Weisheit erfahrener Köchinnen und Köche.

... und was kommt in die Küche? Der Rücken und die beiden Keulen zum Braten. Die Blätter zum Schmoren, für Frikassees, als Ragout oder für den bekannten »Hasenpfeffer«.

DAS WILDKANINCHEN

Sein Gewicht im Balg beträgt etwa 2 Kilogramm. Kräftig im Geschmack und dunkel in der Farbe des Fleisches sind nur die Wildkaninchen. Ein zahmer Stallhase aus der Nutztierhaltung kommt mit hellem, zartem, weißem, fettarmem Fleisch in die Küche. Das Wildbret des Wildkaninchens schmeckt süßlich.

Für die Verwendung in der Küche gibt es unzählige Gerichte, denn Wildkaninchen sind weit verbreitet.

... und was kommt in die Küche? Der Rücken, die beiden Keulen, die Blätter. Es weiß der erfahrene Koch: »Ein Kanin ist für eine Person zu viel und für zwei Personen zu wenig«.

ROSÉ ZUM WILDGEFLÜGEL UND KANINCHEN

Weingut Strehn: Der Elefant im Porzellanladen trocken, ein Roséwein aus dem Burgenland Österreich ... Dieser Wein geht über vor Frucht, süßes rotes Beerengelee, rauchige helle Kirschen, Erdbeermark und Waldmeister, schöne Fülle, elegante Vanille; saftiges Mittelgewicht, pikanter Säurebiss, erfrischend, anregend, kernig.

Also alles andere als der leichte Rosé, den man mit einem Eiswürfel im Sommer auf der Terrasse trinkt, was sich auch in den 13 Prozent Alkohol widerspiegelt. Da viele Wildgeflügel- und Kaninchengerichte einem Rotwein oft nicht standhalten, schreien sie quasi nach einem dichten Roséwein.

Bei diesem findet auf der Zunge eine richtige Kirmes statt und ein Gericht mit hellem Fleisch und charmanter Aromatik macht dieses kulinarische Erlebnis zu einem echten Happening.

Der Elefant ist jedoch so stark, dass er es auch mit den meisten der Wildgerichte aufnehmen kann, falls kein Rotwein gewünscht ist. Gleichzeitig ist er dennoch so elegant, dass man ihn auch als »Weißweinersatz« beim Fisch einsetzen kann, falls dieser nicht gewünscht ist.

In solchen Fällen spricht man von einer Allzweckwaffe.

SCHNECKE VOM HASENRÜCKENFILET MIT DÖRRPFLAUMEN

Für 4 Personen | Zubereitungszeit: ca. 30 Minuten

Für die Dörrpflaumen
200 g Dörrpflaumen
200 ml trockener Rotwein
etwa 100 ml Wildfond

Für die Schnecke vom Hasenrücken
4 küchenfertige Hasenrückenfilets (à 125 g)
4 große Champignonköpfe
Salz
frisch gemahlener schwarzer Pfeffer
4 EL Butter
8 Wacholderbeeren
1 Zweig Rosmarin
1 Zweig Thymian

Zum Anrichten
Kartoffelpüree
Kräuterzweige

Dörrpflaumen: Die Dörrpflaumen in feine Würfel schneiden und in einen Topf geben. Den Rotwein angießen und aufkochen. Den Rotwein sanft um die Hälfte reduzieren, dann den Wildfond dazugeben und sanft köcheln, bis eine sämige Sauce entstanden ist.

Schnecke vom Hasenrücken: Die Hasenrückenfilets sauber parieren. Jedes Filet um einen Champignonkopf zu einer Schnecke aufrollen. Jede Schnecke zum Fixieren quer mit einem Holzspieß durchstechen. Die Schnecken leicht anklopfen und mit Salz und Pfeffer würzen. 2 EL Butter in einer Pfanne aufschäumen. Die zerstoßenen Wacholderbeeren hineigeben. Die Schnecken darin von jeder Seite 2 Minuten anbraten. dann aus der Pfanne nehmen, auf ein mit Backpapier bedecktes Backblech legen und für 10 Minuten im auf 130 °C vorgeheizten Backofen (Ober-/Unterhitze) fertig garen. Die gegarten Hasenrückenschnecken im Anschluss noch 3 Minuten ruhen lassen. Die Schnecken vor dem Servieren mit einem scharfen Messer quer aufschneiden. Die Spieße entfernen.

Anrichten: Auf jedem vorgewärmten Teller zwei Hälften der Hasenrückenschnecken geben. Mit Kartoffelpüree anrichten und reichlich Sauce angießen. Mit gebratenen Kräuterzweigen garnieren.

SCHNECKE VOM HASENRÜCKENFILET MIT ROTWEIN-SCHALOTTEN-SAUCE

Für 4 Personen | Zubereitungszeit: ca. 45 Minuten

Für die Rotwein-Schalotten-Sauce

16 kleine Schalotten
2 Wacholderbeeren
250 ml trockener Rotwein
100 ml Wildfond
100 ml Crème de Cassis
1 Zweig Thymian
Salz

Für die Schnecke vom Hasenrückenfilet

4 Hasenrückenfilets (à 125 g)
4 Scheiben Bacon
Salz
frisch gemahlener schwarzer Pfeffer
2 EL Butter
1 Zweig Rosmarin

Zum Anrichten

etwas Lauch, kurz angebraten

Rotwein-Schalotten-Sauce: Die Schalotten abziehen und mit den Wacholderbeeren in einen kleinen Topf geben. Den Rotwein, den Wildfond und den Cassis angießen und aufkochen. Die Flüssigkeit sanft reduzieren, bis eine sämige Sauce entstanden ist. Die Sauce mit gehacktem Thymian und Salz würzen.

Schnecke vom Hasenrückenfilet: Die Hasenrückenfilets sauber parieren. Jedes Filet zu einer Schnecke aufrollen. Jede Schnecke mit einer Scheibe Bacon umwickeln. Jede Schnecke zum Fixieren quer mit einem Holzspieß durchstechen. Die Schnecken leicht anklopfen und mit Salz und Pfeffer würzen. Die Butter in einer Pfanne aufschäumen und den Rosmarin hineingeben. Die Schnecken darin von jeder Seite 2 Minuten anbraten, dann aus der Pfanne nehmen, auf ein mit Backpapier bedecktes Backblech legen und für 10 Minuten im auf 130 °C vorgeheizten Backofen (Ober-/Unterhitze) fertig garen. Die gegarten Hasenrückenschnecken im Anschluss noch 3 Minuten ruhen lassen. Die Schnecken vor dem Servieren mit einem scharfen Messer quer aufschneiden. Die Spieße entfernen.

Anrichten: Je vier Schalotten auf die vorgewärmten Teller legen und die Filetschnecken darauf anrichten. Reichlich Sauce darübergeben. Etwas angebratenen Lauch danebensetzen.

TIPP

Indem man sie rollt, gibt man den Hasenrückenfilets einen gleichmäßigen Garpunkt.

FILET VOM JUNGKANINCHEN IM KARTOFFELMANTEL MIT GRÜNEM SPARGEL

Für 4 Personen | Zubereitungszeit: ca. 70 Minuten

Für das Filet im Kartoffelmantel

4 küchenfertige Filets von Kaninchen (à ca. 125 g)
Salz
frisch gemahlener schwarzer Pfeffer
2 EL neutrales Pflanzenöl
2 Packungen Kartoffelpüree
100 g durchwachsener Speck
1 Eigelb
1 EL Butter

Für die Sauce

200 ml Himbeergelee
1 EL Aceto balsamico
100 ml trockener Rotwein
Salz
frisch gemahlener schwarzer Pfeffer
1 EL kalte Butter (optional)

Zum Anrichten

gehackte glatte Petersilie oder Schnittlauch
saisonales Gemüse

Filet im Kartoffelmantel: Kaninchenfilets sauber parieren und mit Salz und Pfeffer würzen. Das Öl in einer Pfanne erhitzen und die Filets rundherum anbraten.

Das Kartoffelpüree entsprechen den Angaben auf der Verpackung mit sehr fester Konsistenz zubereiten. Den Speck in feine Würfel schneiden und zusammen mit dem Eigelb in das Kartoffelpüree rühren. Ein Blatt Alufolie mit Butter einpinseln. Eine rechteckige Fläche mit der Hälfte des Kartoffelpürees bestreichen, sodass auf allen Seiten ein breiter Rand frei bleibt. Die Filets darauflegen und das restliche Püree darüber verteilen. Mithilfe der Folie fest aufrollen und die Enden der Alufolie fest verdrillen. Das »Bonbon« auf einer ofenfesten Platte 45 Minuten in den auf 200 °C vorgeheizten Backofen (Ober-/Unterhitze) stellen. Anschließend das Fleisch etwas ruhen lassen, aus der Folie wickeln und schräg aufschneiden.

Sauce: Das Himbeergelee, den Balsamico und den Rotwein in einem Topf aufkochen und auf die gewünschte Konsistenz reduzieren. Mit Salz und Pfeffer würzen und nach Wunsch die Butter einmontieren.

Anrichten: Die Filettranchen auf die vorgewärmten Teller legen und etwas Sauce darübergeben. Das Gemüse daneben anrichten. Mit Petersilie oder Schnittlauch garnieren.

RÜCKENFILET VOM JUNGKANINCHEN AUF LAUWARMEM SPARGELSALAT

Für 4 Personen | Zubereitungszeit: ca. 30 Minuten

Für den Spargelsalat

2 Tomaten
1 Bund Schnittlauch
6 EL Olivenöl
2 EL Estragonessig
Saft einer halben Zitrone
2 EL Pinienkerne
8 Stangen weißer Spargel
Salz
Zucker
1 Bund Rucola

Rückenfilets vom Jungkaninchen

8 küchenfertige Rückenfilets vom Jungkaninchen (à 125 g)
Salz
frisch gemahlener schwarzer Pfeffer
2 EL Butter

Zum Anrichten

Salatblätter

Spargelsalat: Die Tomaten waschen, halbieren und die Kerne entfernen. Das Fruchtfleisch in feine Würfel schneiden. Den Schnittlauch waschen, trockenschütteln und in feine Röllchen schneiden. Das Olivenöl, den Estragonessig und den Zitronensaft in eine Schüssel geben und verrühren. Die Pinienkerne, die Tomatenwürfel und die Schnittlauchröllchen untermischen. Den Spargel schälen und in drei Zentimeter lange Stücke schneiden. In einem Topf Wasser zum Kochen bringen und mit Salz und Zucker würzen. Die Spargelstücke etwa 6 Minuten bissfest kochen. Dann mit einem Schaumlöffel aus dem Wasser heben, gut abtropfen lassen und sofort in die Vinaigrette legen. Den Spargel etwa 6 Minuten marinieren lassen. Den Rucola putzen, waschen und gut trocknen. Vor dem Servieren unter den Spargelsalat mischen.

Rückenfilets vom Jungkaninchen: Die Rückenfilets sauber parieren und mit Salz und Pfeffer würzen. Die Butter bei mittlerer Temperatur in einer Pfanne aufschäumen und die Rückenfilets 2–3 Minuten vorsichtig braten. Anschließend das Fleisch 3 Minuten ruhen lassen. Vor dem Servieren die Filets quer halbieren.

Anrichten: Den Spargelsalat auf den Tellern anrichten und die halbierten Filets darauflegen. Mit einem Salatblatt garnieren.

FILETS AUS DEM KANINCHENRÜCKEN IM SPECK-MANTEL AN SOMMERLICHEN BLATTSALATEN

Für 4 Personen | Zubereitungszeit: ca. 30 Minuten

Für die Sauce
100 ml Wildfond
3 EL Portwein
Salz
frisch gemahlener schwarzer Pfeffer
Maisstärkemehl (optional)

Für die Filets aus dem Kaninchenrücken im Speckmantel
8 küchenfertige Rückenfilets von Kaninchen (à ca. 125 g)
1 Zweig Thymian
Salz
frisch gemahlener schwarzer Pfeffer
8 dünne Scheiben geräucherter Bauchspeck
2 EL Butter

Für den Blattsalat
Blattsalate der Saison (z. B. Feldsalat, Rucola, Lollo Rosso)
Cocktailtomaten
4 El Olivenöl
2 EL Aceto balsamico
1 TL flüssiger Honig
Salz
frisch gemahlener schwarzer Pfeffer

Zum Anrichten
Knoblauchsprossen

Sauce: Den Fond und den Portwein in einem Topf zum Kochen bringen und um etwa ¾ reduzieren. Mit Salz und Pfeffer abschmecken und gegebenenfalls mit dem mit etwas kaltem Wasser glatt gerührten Maisstärkemehl binden.

Filets aus dem Kaninchenrücken im Speckmantel: Die Filets sauber parieren. Den Thymian waschen, trockenschütteln und die Blättchen abzupfen. Das Fleisch mit Salz, Pfeffer und den Thymianblättchen würzen. Jeden Filetstrang in eine Scheibe Bauchspeck einrollen. Die Butter in einer Pfanne aufschäumen und die Filets bei niedriger Temperatur etwa 6 Minuten braten. Vor dem Servieren die Filetstränge quer halbieren.

Sala: Die Blattsalate putzen, waschen und gründlich trocknen. Die Tomaten waschen und halbieren. Das Öl, den Balsamico und den Honig verrühren und mit Salz und Pfeffer abschmecken. Den Blattsalat und die Tomaten in eine große Schüssel geben und etwas vermischen. Anschließend das Dressing darüber gießen und nochmals mischen.

Anrichten: Den Salat mittig auf den Tellern anrichten und die Knoblauchsprossen darauf platzieren. Die halbierten Filets an den Salat anlegen. Etwas Sauce darüber träufeln.

167

RÜCKEN VOM WILDKANINCHEN AUF RATATOUILLE

Für 4 Personen | Zubereitungszeit: ca. 45 Minuten

Für das Ratatouille
1 Zucchini
1 Aubergine
2 rote Paprikaschoten
1 gelbe Paprikaschote
2 rote Zwiebeln
4 Knoblauchzehen
1 Zweig Rosmarin
1 Zweig Thymian
4 EL Olivenöl
1 EL Tomatenmark
Salz
frisch gemahlener schwarzer Pfeffer

Für den Rücken vom Wildkaninchen
4 küchenfertige Rückenfilets (à ca. 125 g)
Salz
frisch gemahlener schwarzer Pfeffer
1 EL Butter
2 Zweige Thymian
1 Zweig Rosmarin
2 Schalotten
100 ml Portwein
200 ml Wildfond
4 Wacholderbeeren
2 Lorbeerblätter

Zum Anrichten
kleine Kräuterzweige

Ratatouille: Die Zucchini und die Aubergine putzen. Die Paprikaschoten halbieren, entkernen und waschen. Die Zwiebeln und den Knoblauch abziehen. Das Gemüse in gleichmäßige Stücke schneiden. Den Knoblauch in feine Scheiben schneiden. Die Kräuter waschen, trockenschütteln, die Blättchen bzw. Nadeln abzupfen und fein hacken. Das Olivenöl bei mittlerer Temperatur erhitzen und die Knoblauchscheiben darin hellbraun anbraten. Das geschnittene Gemüse zusammen mit den gehackten Kräutern zugeben und etwa 5 Minuten kräftig anbraten. Das Tomatenmark unterrühren und mit Salz und Pfeffer abschmecken. Das Ratatouille noch etwa 5–10 Minuten köcheln lassen.

Rücken vom Wildkaninchen: Die Kaninchen-Rückenfilets sauber parieren und mit Salz und Pfeffer würzen. Die Butter in einer Pfanne aufschäumen und die gewaschenen Rosmarin- und Thymianzweige zufügen. Die Filets von jeder Seite ca. 1 Minute braten, aus der Pfanne nehmen und 3–5 Minuten ruhen lassen.

Die Schalotten abziehen und in feine Würfel schneiden. Die Schalottenwürfel zusammen mit dem Portwein und dem Fond in die Pfanne geben und bei hoher Temperatur bis zur gewünschten Konsistenz reduzieren lassen. Die Sauce mit Salz und Pfeffer abschmecken. Vor dem Servieren die Filets schräg aufschneiden.

Anrichten: Das Ratatouille mittig auf den vorgewärmten Tellern platzieren und die Filetscheiben darauf anrichten. Ewas Sauce darübergeben. Mit den Kräuterzweigen garnieren.

GEGRILLTES JUNGKANINCHEN MIT KRÄUTERSEITLINGEN

Für 4 Personen | Zubereitungszeit: ca. 60 Minuten plus 2 Stunden Marinierzeit

8 Schaschlikspieße
1 ganzes Kaninchen, in 6– 8 Stücke zerteilt (oder 4 Kaninchenkeulen)
2 EL Olivenöl
1 EL mittelscharfer Senf
1 EL Zitronensaft
1 TL gerebelter Thymian
1 TL gerebelter Rosmarin
200 g Speck, in dünne Scheiben geschnitten
4 Kräuterseitlinge
Salz
2 reife Strauchtomaten
frisch gemahlener schwarzer Pfeffer

Die Schaschlikspieße für etwa 1 Stunde in kaltes Wasser legen, damit das Fleisch beim Grillen nicht daran kleben bleibt. Das Kaninchen sorgfältig parieren. Aus dem Olivenöl, dem Senf, dem Zitronensaft, dem Thymian und dem Rosmarin eine Marinade rühren und die Kaninchenteile damit bestreichen. Das Fleisch anschließend mindestens 2 Stunden ruhen lassen. Danach die Speckscheiben um die Fleischteile wickeln und auf die Spieße stecken. Die Kräuterseitlinge putzen, in Scheiben schneiden, salzen und mit ein wenig Olivenöl beträufeln. Die Fleischspieße, die Kräuterseitlinge und die Tomaten in eine Grillpfanne oder auf den Grillrost geben und bei mittlerer Temperatur unter gelegentlichem Wenden 15 Minuten grillen, dabei ab und zu wenden. Mit Salz und Pfeffer würzen.

Anrichten: Die Grillspieße auf die Teller verteilen und mit den Kräuterseitlingen und den Tomaten servieren.

KANINCHEN IM GANZEN AUF FRANZÖSISCHE ART

Für 4 Personen | Zubereitungszeit: ca. 60 Minuten plus 24 Stunden Marinierzeit

Für das Kaninchen französische Art
1 küchenfertiges Kaninchen (ca. 1,2 kg)
2 EL mittelscharfer Senf
20 ml Cognac
frisch gemahlener schwarzer Pfeffer
2 Zweige Rosmarin
2 Zweige Thymian
3 EL Butter

Zum Anrichten
Kürbisgemüse
Topinambur- oder Kartoffelpüree oder Kartoffelsalat

Kaninchen französische Art: Das Kaninchen sauber parieren. Eine großes Blatt Kochpergament auf der Arbeitsplatte auslegen und das Kaninchen darauflegen. Das Kaninchen rundherum dünn mit Senf bestreichen und mit Cognac beträufeln. Dann mit Pfeffer würzen und die gewaschenen und trockengeschüttelten Kräuterzweige auflegen. Das Kochpergament zusammenfalten, fest verschließen und das Paket für einen Tag in den Kühlschrank legen. Anschließend das Kaninchen aus der Alufolie nehmen. Die Butter in einem Bräter aufschäumen und das Kaninchen hell anbraten. Den Bräter dann für 35 Minuten in den auf 150 °C vorgeheizten Backofen (Ober-/Unterhitze) stellen. Das Kaninchen danach etwas ruhen lassen und zerteilen. Den Bratensaft auffangen und beiseitestellen.

Anrichten: Die Kaninchentranchen auf die vorgewärmten Teller verteilen und mit etwas Bratfond beträufeln. Die Beilagen daneben anrichten.

PFEFFER VOM GANZEN HASEN MIT RÜBENKRAUT

Für 4 Personen | Zubereitungszeit: ca. 150 Minuten plus 5 Tage Marinierzeit

Für den Pfeffer vom ganzen Hasen

1 ganzer Hase
2 große Zwiebeln
1 Karotte
½ Knollensellerie
Salz
Zucker
1 Lorbeerblatt
3 Wacholderbeeren
2 Nelken
400 ml Essig (5 % Säuregehalt)
Mehl Type 405
2 EL Butterschmalz
2 EL Rübenkraut (Zuckerrübensirup)
2 EL Johannisbeergelee
dunkle Mehlschwitze
frisch gemahlener schwarzer Pfeffer

Zum Anrichten

Salzkartoffeln, Klöße oder Kartoffelpüree
Rotkohl
Kompott aus Äpfeln oder Birnen

Pfeffer vom ganzen Hasen: Den Hasen in Keulen, Schultern, Nacken, Rücken und Bauchlappen zerlegen und parieren.

Das Wurzelgemüse schälen und in gleichmäßig große Würfel von ca. 1 x 1 cm schneiden. Das Gemüse, 4 EL Salz, 4 EL Zucker, die Gewürze, den Essig und 1,5 l Wasser in eine Schüssel geben und vermischen. Die Hasenteile in der Marinade einlegen und abgedeckt für ca. 5 Tage an einem kühlen Ort durchziehen lassen. Anschließend durch ein Sieb gießen und dabei die Marinade auffangen. Die Gewürze von den Hasenteilen abstreifen, trockentupfen und von allen Seiten mit etwas Mehl bestauben. Das Fett in einer Kasserolle erhitzen, die Fleischteile gut anbraten und dann wieder herausnehmen. Das abgetropfte Wurzelgemüse der Marinade ebenfalls gut anbraten, danach die Fleischteile wieder zugeben und mit der Marinade aufgießen. Das Fleisch 1,5–2 Stunden weich garen. Anschließend die Fleischteile entnehmen und den Fond durch ein Sieb gießen. Die Sauce wieder in einem Topf erhitzen, das Rübenkraut und das Johannisbeergelee unterrühren und mit der Mehlschwitze nach Wunsch binden. Dann mit Salz, Pfeffer und Zucker abschmecken, die Fleischteile in die Sauce legen und erhitzen.

Anrichten: Die Fleischteile mit reichlich Sauce auf die Teller verteilen und die gewählten Beilagen dazu servieren.

SÜLZE VOM JUNGKANINCHEN AN FRÜHLINGSSALAT

Für 4 Personen | Zubereitungszeit: ca. 90 Minuten plus mehrere Stunden Kühlzeit

Für die Sülze vom Jungkaninchen

2 küchenfertige Jungkaninchen
1 Bund Wurzelgemüse (z. B. Zwiebel, Sellerie, Möhre, Lauch)
Salz
1 Thymianzweig
4 Lorbeerblätter
6 Stangen grüner Spargel
1 rote Paprikaschote
100 g grüne Bohnen
frisch gemahlener schwarzer Pfeffer
2 EL Olivenöl
20 Blatt Gelatine
50 g Rosinen

Für den Frühlingssalat

1 Bund Bärlauch
1 Bund Rucola
1 gelbe Paprikaschote
1 rote Paprikaschote
8 Kirschtomaten
4 EL helles Dressing

Zum Anrichten

Knoblauchsprossen

Sülze vom Jungkaninchen: Die Jungkaninchen zerlegen und dabei den Rücken auslösen. Die Rückenfilets kühl stellen. Die restlichen Fleisch- und Knochenteile zusammen mit dem geputzten Wurzelgemüse in einen großen Topf geben. 2 ½ l Wasser auffüllen und mit Salz würzen. Das Ganze langsam zum Kochen bringen und dabei aufsteigenden Schaum mit einem Schaumlöffel abschöpfen. Nach etwa 10 Minuten Kochzeit den gewaschenen Thymian und die Lorbeerblätter zufügen. Anschließend noch etwa 50 Minuten weiterkochen. Dann das Fleisch- und die Knochenteile herausheben. Den Fond durch ein feines Tuch in einen Topf passieren. Es werden 500 ml Kaninchenfond benötigt.

Den Spargel schälen. Wasser in einem Topf zum Kochen bringen, mit Salz und Zucker würzen und den Spargel etwa 6 Minuten bissfest kochen. Die Paprikaschote waschen, halbieren, die Kerne entfernen und das Fruchtfleisch in Streifen schneiden.

Die Bohnen putzen. Gesalzenes Wasser zum Kochen bringen und die Paprikastreifen 3 Minuten, die Bohnen 7 Minuten blanchieren. Nach dem Blanchieren das Gemüse auf Eiswasser abschrecken und in einem Sieb gut abtropfen lassen. Die kühlgestellten Rückenfilets leicht mit Salz und Pfeffer würzen.

Das Olivenöl in einer Pfanne erhitzen und die Filets etwa 3 Minuten rundherum braten. Die Gelatine in kaltem Wasser aufweichen, ausdrücken und in 500 ml heißem Kaninchenfond auflösen. Alle vorbereiteten Zutaten und die Rosinen abwechselnd in eine Terrinenform schichten und den Fond aufgießen. Die Form abkühlen lassen und abgedeckt über Nacht in den Kühlschrank stellen. Vor dem Servieren die Sülze stürzen und aufschneiden.

Frühlingssalat: Den Bärlauch und den Rucola putzen, waschen und gut trocknen. Die Paprikaschoten waschen, halbieren, die Kerne entfernen und das Fruchtfleisch in Würfel schneiden. Die Tomaten waschen und vierteln. Die Sprossen waschen und trocknen. Alle Salatzutaten in einer großen Schüssel locker vermengen und mit dem Dressing marinieren.

Anrichten: Die Sülze auf die Teller legen und den Salat daneben anrichten. Mit Knoblauchsprossen garnieren.

TIPP

Das gekochte Fleisch und der restliche Fond können für die Zubereitung eines Frikassees verwendet werden.

WILDGEFLÜGEL

182

DER FASAN

Gewicht etwa 1,5 Kilogramm. Die kurzen stumpfen Sporen an den Beinen lassen das Alter des Hühnervogels erkennen. Je jünger er ist, desto kürzer sind die Sporen und desto zarter ist das Fleisch. Der fettarme Fasanenhahn kommt häufig recht trocken auf den Tisch. Deshalb werden die Brüste gerne mit Speck umwickelt. Eine andere Zubereitung: den Fasan in der Küche füllen oder im Ganzen braten.

ENTE UND GANS

Beide Wildvögel gelten im Allgemeinen als sehr fettreich. Kein Wunder, denn beide Arten halten sich im Winter wie im Sommer im Wasser auf. Bei ihnen sitzt das Fett direkt unter der Haut. Ein Tipp: Die Ente und die Gans vor Ende der Garzeit mit Honig und Öl einpinseln. Dadurch erhalten sie eine knusprige, goldgelbe Kruste.

RINGELTAUBE

Von den vier bei uns vorkommenden Taubenarten (Ringeltaube, Hohltaube, Balkantaube, Turteltaube) ist die Ringeltaube mit etwa 500 g die schwerste.

Ihr graublaues Fleisch ist sehr aromatisch. In der Küche finden die Brüste Verwendung. Aus der Karkasse köchelt man eine kräftige und kräftigende Taubensuppe.

RAVIOLI CON FAGIANO

Für 4 Personen | Zubereitungszeit: ca. 120 Minuten plus Kühlzeit

Für den Ravioliteig
300 g Mehl Tipo 00
2 Eier
4 Eigelb
⅓ TL Salz

Für die Füllung
100 g Apfel (z. B. Boskoop)
100 g Haselnusskerne
400 g Fasanenfleisch
1 EL Olivenöl
1 Zweig Thymian
½ EL süße Sojasauce
Salz
frisch gemahlener schwarzer Pfeffer

Für die Fertigstellung
1 Eiweiß

Zum Anrichten
in Butter geschwenkter junger Lauch
gebratene Kirschtomaten

Ravioliteig: Das Mehl in eine Rührschüssel sieben und die Eier, Eigelb und das Salz zugeben. Mithilfe der Knethaken der Küchenmaschine zu einem homogenen Teig kneten. Den Teig auf die Arbeitsfläche kippen und noch etwa 10 Minuten kräftig durchkneten. Anschließend eine Teigkugel formen, in Frischhaltefolie einschlagen und für 1 Stunde in den Kühlschrank legen.

Für die Füllung: Die Äpfel schälen, vierteln, das Kerngehäuse entfernen und das Fruchtfleisch in feine Würfel schneiden. Die Apfelwürfel in sehr wenig Flüssigkeit weich dünsten. Es werden 60 g Apfelstückchen benötigt.

Die Haselnüsse in einem Standmixer sehr fein pürieren. Dabei darauf achten, dass das Gerät nicht heiß läuft. Es werden 90 g Haselnusspüree benötigt.

Das Fasanenfleisch sauber parieren und durch den Fleischwolf drehen. Das Öl in einer Pfanne erhitzen und das Hackfleisch anbraten. Den Thymian waschen, trockenschütteln und die Blättchen abzupfen. Das Hackfleisch mit den Apfelstückchen, dem Haselnusspüree, den Thymianblättchen, der Sojasauce, etwas Salz und Pfeffer in einen Standmixer füllen und pürieren. Anschließend nochmals abschmecken und die Masse kaltstellen.

Fertigstellung: Den Nudelteig portionsweise mit einer Nudelmaschine oder einem Teigroller zu dünnen Platten ausrollen.

Mithilfe eines Anrichterings Kreise (ø 10 cm) ausstechen. Eine etwa walnussgroße Portion der Füllung etwas dezentral auf die Kreise setzen. Die Teigränder gut mit Eiweiß bepinseln und die größere Teighälfte über die Füllung ziehen. Die Ränder gut verschließen und dann die Spitzen der Halbmonde zusammenfalten.

In einem großen Topf reichlich gesalzenes Wasser zum Kochen bringen, die Ravioli einlegen und ziehen lassen. Sobald sie zur Oberfläche aufsteigen, mit einem Schaumlöffel aus dem Wasser heben und gut abtropfen lassen.

Anrichten: Die Ravioli auf die vorgewärmten tiefen Teller verteilen und mit dem Lauch und den Tomaten leicht vermischen.

FASAN MIT WURZELGEMÜSE

Für 2 Personen | Zubereitungszeit: ca. 60 Minuten

Für den Fasan mit Wurzelgemüse

1 Stange Lauch
2 Karotten
200 g Knollensellerie
1 große Zwiebel
1 küchenfertiger Fasan
150 g dünne Speckscheiben
2 EL Butter
2 Wacholderbeeren
100 ml flüssige Sahne
100 ml trockener Rotwein
1 EL kandierter Ingwer
Maisstärkemehl (optional)

Fasan mit Wurzelgemüse: Den Lauch putzen und die Karotten und den Sellerie schälen. Das Gemüse in etwa 1 cm große Würfel schneiden. Die Zwiebel abziehen und in feine Würfel schneiden. Den Fasan sauber parieren und mit Speckscheiben umhüllen. Die Butter bei mittlerer Temperatur in einem Bräter aufschäumen und den Fasan leicht anbraten. Die Gemüse- und die Zwiebelwürfel sowie die Wacholderbeeren zufügen. Den Bräter für ca. 45 Minuten in den auf 200 °C vorgeheizten Backofen (Ober-/Unterhitze) stellen. Sobald der Fasan Farbe annimmt, die Sahne, den Rotwein und den Ingwer zugeben. Anschließend den Fasan aus der Sauce nehmen, das Gemüse herausfischen und warmstellen. Die Sauce durch ein Sieb gießen und nach Belieben mit etwas Maisstärkemehl binden.

Vor dem Servieren den Fasan zerlegen, dabei sorgfältig auf gegebenenfalls vorhandene Schrotkörner achten und diese entfernen.

Anrichten: Das Gemüse auf die Teller verteilen und die Fasantranchen darauf anrichten.

189

KNUSPRIGE FASANENTASCHEN MIT GETRÜFFELTEM ROTKRAUTSALAT

Für 4 Personen | Zubereitungszeit: ca. 60 Minuten plus 1 Stunde Marinierzeit

Für den Rotkrautsalat
1 kleiner Kopf Rotkohl
1 EL Trüffelöl
2 EL Walnussöl
2 EL Sherryessig
Salz
frisch gemahlener schwarzer Pfeffer
Zucker

Für die Fasanentaschen
1 Karotte
¼ Knollensellerie
1 Stange Lauch
2 Schalotten
1 Zweig Thymian
4 Fasanenkeulen (Oberkeule)
2 EL Olivenöl
½ EL Tomatenmark
100 ml trockener Weißwein
1 Msp. Currypulver
Salz
frisch gemahlener schwarzer Pfeffer
50 g gehackte Walnusskerne
4 große Wan-Tan-Blätter
1 EL neutrales Pflanzenöl
1 Eigelb

Rotkrautsalat: Den Rotkohl putzen und den Mittelstrunk entfernen. Mit einem Hobel oder einer Aufschnittmaschine in feine Streifen schneiden und in eine große Schüssel geben. Das Trüffelöl, das Walnussöl und den Sherryessig verrühren und mit Salz, Pfeffer und Zucker abschmecken. Das Dressing über den Rotkohl gießen, gut vermischen und etwa eine Minute kräftig kneten, damit das Rotkraut geschmeidig wird. Anschließend den Salat abgedeckt eine Stunde ruhen lassen.

Fasanentaschen: Die Karotte und den Sellerie schälen, den Lauch putzen. Das Gemüse in feine Juliennestreifen schneiden. Die Schalotten abziehen und in feine Würfel schneiden. Den Thymian waschen, trockenschütteln und die Blättchen abzupfen. Die Fasanenkeulen auslösen, die Haut entfernen und das Fleisch in feine Würfel schneiden. Das Olivenöl in einer Pfanne erhitzen und die Fleischwürfel darin anbraten. Die Schalotten zugeben und anbraten. Dann das Tomatenmark unterrühren und kurz anrösten. Mit dem Weißwein ablöschen und mit dem Currypulver, den Thymianblättchen, Salz und Pfeffer würzen. Dann die Flüssigkeit reduzieren, bis das Ragout leicht andickt.

Die Walnusskerne und die Gemüsejuliennestreifen untermischen. Nochmals kurz durchkochen und zum Abkühlen beiseitestellen.

Die Wan-Tan-blätter auf der Arbeitsfläche ausbreiten und mit etwa 1 EL Füllung belegen. Die Teigblätter zu fest verschlossenen Taschen zusammenfalten. Ein Backblech mit dem Öl einpinseln und die Taschen darauflegen. Mit dem verquirlten Eigelb einpinseln und etwa 10 Minuten im auf 190 °C vorgeheizten Backofen (Ober-/Unterhitze) knusprig goldbraun backen. Vor dem Servieren das restliche Ragout aufwärmen.

Anrichten: Den Rotkrautsalat auf die vorgewärmten Teller verteilen und die knusprigen Fasanentaschen darauf anrichten. Das restliche Ragout in einer separaten Schale servieren.

FRIKASSEE VOM FASAN MIT WEINTRAUBEN IM BLÄTTERTEIG-PASTETCHEN

Für 4 Personen | Zubereitungszeit: ca. 90 Minuten

Für das Frikassee vom Fasan

1 Bund Wurzelgemüse (z. B. Karotte, Zwiebel, Lauch, Knollensellerie)
1 küchenfertiger Fasan
1 Lorbeerblatt
4 Wacholderbeeren
200 ml trockener Weißwein
Salz
100 g Zwiebel
100 g Champignons
100 g grüne Trauben
100 g rote Trauben
1 TL eingelegte Kapern
1 EL Butter
200 ml flüssige Sahne
1 TL Maisstärkemehl
1 Schuss Sherry
Saft einer halben Zitrone
¼ Bund glatte Petersilie
1 Tomate

Zum Anrichten

4 Blätterteig-Pastetchen
essbare Blüten
Kräuterzweige

Frikassee vom Fasan: Das Wurzelgemüse putzen und in grobe Stücke schneiden. Den Fasan sauber parieren und zusammen mit dem Wurzelgemüse, dem Lorbeerblatt, den Wacholderbeeren, 100 ml Wein und etwas Salz in einen großen Topf geben. 2 l Wasser aufgießen und alles zusammen aufkochen. Den Fasan etwa 45 Minuten leicht simmernd köcheln, bis sich das Fleisch leicht vom Knochen lösen lässt. Den Fasan dann entnehmen und abkühlen lassen. Den Fond durch ein feines Tuch in einen Topf passieren und um die Hälfte einkochen. Es werden 300 ml benötigt.

Die Haut des Fasans abziehen und verwerfen. Das Fleisch von den Knochen lösen, dabei sorgfältig auf gegebenenfalls noch vorhandene Schrotkörner achten, und klein schneiden. Die Zwiebel abziehen und in feine Würfel schneiden. Die Champignons putzen und vierteln. Die Trauben schälen, halbieren und entkernen. Die Kapern abtropfen lassen und grob hacken. Die Butter in einer Pfanne erhitzen und die Zwiebelwürfel und die Pilze darin anbraten. Mit dem restlichen Weißwein (100 ml) und 300 ml Fond aufgießen und aufkochen. Die Sahne unterrühren. Das Maisstärkemehl in etwas kaltem Wasser glatt rühren und die Sauce damit binden. Mit Salz, Sherry und Zitronensaft würzen. Die Petersilie waschen, trockenschütteln, die Blätter abzupfen und fein hacken. Die Tomaten halbieren, die Kerne entfernen, das Fruchtfleisch in feine Würfel schneiden und zusammen mit der Petersilie in das Frikassee mischen. Vor dem Servieren die Traubenhälften, die gehackten Kapern und das Fleisch unterrühren und nochmals aufkochen.

Anrichten: Die Blätterteig-Pasteten kurz erwärmen und das Frikassee einfüllen. Mit einer Blüte und einem kleinen Kräuterzweig garnieren.

RAGOUT VOM FASAN MIT FLUSSKREBS-SCHWÄNZEN

Für 4 Personen | Zubereitungszeit: ca. 90 Minuten

Für das Ragout vom Fasan

1 Zwiebel
1 Karotte
100 g Knollensellerie
1 Stange Lauch
2 Keulen vom Fasan
1 Fasanenbrust
Salz
frisch gemahlener schwarzer Pfeffer
2 EL neutrales Pflanzenöl
300 ml trockener Weißwein
30 g Butter
30 g Mehl Type 405
300 ml flüssige Sahne
frische Chilischote (optional)
200 g Flusskrebsschwänze

Zum Anrichten

4 Blätterteig-Pasteten
glatte Petersilie

Zubereitung: Die Zwiebel abziehen und in feine Würfel schneiden. Die Karotte und den Sellerie schälen, den Lauch putzen. Das Gemüse in etwa 1 cm große Würfel schneiden. Die Keulen und die Brust sauber parieren und mit Salz und Pfeffer würzen. Das Öl in einem Bräter erhitzen und die Fleischstücke rundherum anbraten. Die Zwiebeln und das Gemüse zugeben und leicht anrösten. Mit dem Weißwein und 500 ml Wasser ablöschen. Den Bräter abdecken und das Fleisch etwas 1 Stunden weich schmoren (Garprobe). Gelegentlich kontrollieren und bei Bedarf etwas Wasser nachfüllen. Dann die Keulen und die Brust herausnehmen und das Fleisch vom Knochen lösen, dabei die Haut und gegebenenfalls vorhandene Schrotkörner entfernen. Das Fleisch in etwa 1 cm große Würfel schneiden.

Den Fond durch ein Sieb gießen. Es werden ca. 500 ml benötigt. Die Butter in einem Topf erhitzen und das Mehl unterrühren. Unter ständigem Rühren das Mehl hell anschwitzen und dann mit dem kalten Fond aufgießen. Die Sahne in die Sauce rühren und abschmecken – für eine pikante Note gerne auch mit gehackter Chilischote. Anschließend das Fleisch und die Flusskrebsschwänze untermischen. Das Ragout sollte dann nicht mehr kochen, da das Krebsfleisch dann zäh werden kann.

Anrichten: Die Blätterteigpasteten auf die Teller verteilen und das Ragout großzügig einfüllen. Die Kaiserschoten daneben anrichten. Mit der Sesamsaat bestreuen und mit den Tomatenwürfeln und Mit der Petersilie garnieren.

KANADAGANS AUF ORANGEN

Für 4 Personen | Zubereitungszeit: ca. 4 Stunden

Für die Kanadagans auf Orangen

1 Kanadagans
Salz
frisch gemahlener schwarzer Pfeffer
2 unbehandelte Orangen
200 g Knollensellerie
3 Karotten
2 Zwiebeln
5 Zweige Salbei
1 Zimtstange
4 Lorbeerblätter
500 ml Geflügelbrühe oder Wasser
Maisstärkemehl

Zum Anrichten

Orangenfilets
glatte Petersilie
Rucola
Rotkohl
Klöße

Kanadagans auf Orangen: Die Gans sauber parieren und innen und außen mit Salz und Pfeffer würzen. Die Orangen heiß abwaschen und vierteln. Den Sellerie und die Karotten schälen und grob zerkleinern. Die Zwiebeln abziehen und in Würfel schneiden. Den Salbei waschen, trockenschütteln und die groben Stiele entfernen. Die Gans mit den Orangenvierteln, dem Salbei und einem Teil des Wurzelgemüses füllen und in einen Bräter legen. Den Rest des Wurzelgemüses dazulegen. 1 l Wasser auffüllen und den Bräter für 3–4 Stunden in den auf 130 °C vorgeheizten Backofen (Ober-/Unterhitze) stellen. Währenddessen die Gans alle 30 Minuten wenden.

Als Garprobe mit einer Fleischgabel am Flügelansatz durch das Brustfleisch bis auf den Knochen stechen. Das Fleisch sollte keinen Widerstand bieten. Dann die Gans aus dem Bräter nehmen, die Füllung aus der Gans entfernen und in den Bräter geben. Die Gans warmstellen. Den Bräter auf dem Herd stark erhitzen, dabei darauf achten, dass die Sauce nicht anbrennt. Sobald sich das Fett absetzt, das Fett abschöpfen oder den kompletten Bräterinhalt durch ein Sieb gießen und das Fett ablaufen lassen. Den Rest im Bräter bzw. im Sieb mit der Geflügelbrühe auffüllen und aufkochen. Anschließend mit Salz und Pfeffer würzen. Die Sauce durch ein Sieb in einen Topf passieren. Nochmals aufkochen und gegebenenfalls mit der mit etwas kaltem Wasser glatt gerührten Maisstärke binden.

Anrichten: Die Kanadagans im Ganzen garniert mit Petersilie und Orangenfilets servieren. Die Beilagen in separaten Schüsseln, die Sauce in einer Sauciere anrichten.

REBHUHN MIT MANGOLDGEMÜSE

Für 4 Personen | Zubereitungszeit: ca. 45 Minuten

Für das Rebhuhn mit Mangoldgemüse

500 g Mangold
100 g weiße Champignons
100 g braune Champignons
½ gelbe Paprikaschote
½ rote Paprikaschote
2 weiße Zwiebeln
1 Knoblauchzehe
150 g festkochende Kartoffeln
300 g küchenfertige Rebhuhnbrust ohne Haut
2 EL Butter
2 EL Olivenöl
75 g kleine Speckwürfel
500 ml Gemüsebrühe
Salz
frisch gemahlene bunte Pfefferkörner
Zitronensaft
Maisstärkemehl (optional)

Rebhuhn mit Mangoldgemüse: Den Mangold waschen, putzen und die groben Stiele von den Blättern trennen. Die Blätter in feine Streifen schneiden, die Stiele klein schneiden. Die Champignons putzen und gegebenenfalls halbieren oder vierteln. Die Paprikaschoten waschen, die Kerne entfernen und in Streifen schneiden. Die Zwiebeln abziehen und achteln. Den Knoblauch schälen und in feine Scheiben schneiden. Die Kartoffeln schälen und in dünne Stifte schneiden. Das Fleisch sauber parieren und in feine Streifen schneiden. Das Öl mit der Butter in einer Pfanne erhitzen und die Fleischstreifen mit den Speckwürfeln scharf anbraten. Die Kartoffelstifte, die Paprikastreifen, die kleingeschnittenen Mangoldstiele, die Zwiebeln und die Knoblauchscheiben zugeben und etwa 5 Minuten mitbraten. Dann mit der Gemüsebrühe ablöschen und 15 Minuten köcheln lassen. Anschließend das Mangoldgrün und die Pilze untermischen und weitere 5 Minuten köcheln lassen. Mit Salz, Pfeffer und Zitronensaft abschmecken. Die Sauce nach Belieben mit in etwas kaltem Wasser glatt gerührter Speisestärke binden.

Anrichten: Das Rebhuhn mit Mangoldgemüse in vorgewärmten tiefen Tellern anrichten.

REBHUHNBRUST IM STRUDELTEIG

Für 4 Personen | Zubereitungszeit: ca. 45 Minuten

Für die Rebhuhnbrust im Strudelteig

2 Schalotten
½ Bund gemischte Kräuter (z. B. Petersilie, Rosmarin, Thymian)
100 g Innereien (Herz, Leber)
2 EL kalte flüssige Sahne
Salz
frisch gemahlener schwarzer Pfeffer
4 küchenfertige, ausgelöste Rebhuhnbrüste
ca. 200 g Strudelteig (Kühltheke oder TK)
1 Eigelb

Zum Anrichten

gemischter Salat der Saison

Rebhuhnbrust im Strudelteig: Die Schalotten abziehen und in feine Würfel schneiden. Die Kräuter waschen, trockenschütteln und gegebenenfalls abzupfen. Die Innereien parieren und zerkleinern. Die Innereien, die Schalotten und die Kräuter mit der Sahne durch den Fleischwolf drehen. Die Farce mit Salz und Pfeffer würzen.

Die Rebhuhnbrüste sauber parieren und leicht mit Salz und Pfeffer würzen. Den Strudelteig auf der Arbeitsfläche ausbreiten und 4 Quadrate à 15 cm Kantenlänge herausschneiden. Auf jede Teigplatte seitlich der Diagonalen einen EL Farce platzieren und je eine Rebhuhnbrust darauflegen. Einen weiteren EL Farce auf der Brust verteilen. Die freie Teigecke über die Brust ziehen und so ein Dreieck formen. Die Taschen auf ein Backblech legen und mit etwas verquirltem Eigelb bepinseln. Anschließend etwa 30 Minuten im auf 190 °C vorgeheizten Backofen (Ober-/Unterhitze) goldgelb backen.

Anrichten: Die Taschen mit der Rebhuhnbrust auf die Teller verteilen und den Salat daneben anrichten.

REBHUHNFRIKASSEE

Für 4 Personen | Zubereitungszeit: ca. 60 Minuten

Für das Rebhuhnfrikassee
400 g möglichst kleine Pastinaken
1 kleine Stange Lauch
20 g Butter
125 ml trockener Weißwein
400 g Schwarzwurzeln
Zitronensaft
Salz
1 kleine Karotte
2 Zweige Thymian
4 küchenfertige Rebhühner
500 ml Geflügelbrühe
8 weiße Pfefferkörner
1–2 TL Maisstärkemehl
5 EL Crème fraîche
frisch gemahlener Cayennepfeffer

Zum Anrichten
Schnittlauchröllchen
Kartoffelpüree oder Salzkartoffeln

Rebhuhnfrikassee: Die Pastinaken waschen und schälen, dabei die Schalen beiseitestellen. Den Rest in Würfel schneiden. Den Lauch putzen, den grünen Anteil abschneiden und beiseitestellen. Den weißen Anteil in dünne Ringe schneiden. Die Butter in einer Pfanne erhitzen und das geschnittene Gemüse anbraten. Mit einem Schuss Wein ablöschen und 5 Minuten bissfest dünsten. Die Schwarzwurzel schälen und in mundgerechte Stücke schneiden, dabei Handschuhe tragen, da der auftretende Saft stark färbend ist. Die Schwarzwurzeln sofort in Zitronenwasser legen, da sie sich leicht verfärben. Salzwasser zum Kochen bringen und die Schwarzwurzeln etwa 15 Minuten bissfest kochen. Die Karotte schaben. Den Thymian waschen und trockenschütteln. Die Rebhühner sauber parieren. Die Geflügelbrühe in einen großen Topf füllen. Die Rebhühner, die Karotte, den Thymian, die beiseitegestellten Pastinakenschalen, die grünen Lauchanteile und die Pfefferkörner zugeben und alles aufkochen. Aufsteigenden Schaum abschöpfen und die Rebhühner in etwa 25 Minuten weich simmern lassen. Dann die Rebhühner aus der Brühe heben, kurz abtropfen und etwas abkühlen lassen. Dann die Haut ablösen und verwerfen. Das Fleisch von den Knochen lösen und etwas zerkleinern. Die Brühe durch ein Sieb in einen Topf gießen. Die Sauce mit dem restlichen Wein aufgießen und mit in etwas kaltem Wasser glatt gerührtem Maisstärkemehl binden. Die Sauce dann noch etwas köcheln lassen. Anschließend die Crème fraîche unterrühren und mit Salz und Cayennepfeffer würzen. Dann das Fleisch, die Pastinaken und die Schwarzwurzeln in die Sauce mischen und nochmals gut erhitzen.

Anrichten: Das Frikassee auf die vorgewärmten Teller verteilen und mit Schnittlauchröllchen garnieren. Die Beilagen daneben anrichten.

WACHTELN AUF LINSENPÜREE

Für 4 Personen | Zubereitungszeit: ca. 45 Minuten

Für das Linsenpüree
200 g Tellerlinsen
Salz
3 El Butter
1 Frühlingszwiebel

Für die Wachteln
4 Wachteln
Salz
frisch gemahlener schwarzer Pfeffer
3 zerstoßene Wacholderbeeren
4 dünne Scheiben fetter Speck
3 EL Olivenöl
125 ml trockener Rotwein
etwas feine Speisestärke

Zum Anrichten
Linsenpüree
1 rote Chilischote, in feine Würfel geschnitten

Linsenpüree: Die Linsen nach Packungsangabe gar kochen, dann in ein Sieb gießen und gründlich abtropfen lassen. Die Linsen kurz vor dem Anrichten in einen Mixbecher geben, leicht salzen und die Butter dazugeben. Mit dem Pürierstab durchmixen. Das Linsenpüree sollte eine eher feste Konsistenz haben. Die Frühlingszwiebel putzen und in sehr feine Würfel schneiden, dabei etwas Grün in feine Streifen schneiden und zurückbehalten. Die Würfel in das Linsenpüree rühren.

Wachteln: Die Wachteln sauber parieren und mit Salz, Pfeffer und den Wacholderbeeren einreiben. Jede Wachtel mit einer Speckscheibe belegen und mit Küchengarn in Form binden. Das Olivenöl in einem Bräter erhitzen und die Wachteln anbraten. Den Bräter für 10 Minuten in den auf 200 °C vorgeheizten Backofen (Ober-/Unterhitze) schieben. Dann die Speckstreifen entfernen, den Rotwein aufgießen und weitere 10 Minuten im Ofen braten. Während des Garens einige Male Bratensaft über die Wachteln geben.

Den Bratensaft mit etwas Speisestärke leicht binden und etwas reduzieren.

Anrichten: Die Wachteln auf vorgewärmte Teller setzen. Von dem Linsenpüree mit zwei Esslöffeln Nocken abstechen. Je eine Nocke zu den Wachteln setzen. Etwas gebundenen Bratensaft angießen. Mit feinen Chiliwürfeln und Frühlingszwiebelstreifen garnieren.

WILDENTE IN DER PFEFFERKRUSTE

Für 4 Personen | Zubereitungszeit: ca. 60 Minuten

Für die Wildente in der Pfefferkruste

2 Wildenten
Salz
frisch gemahlener schwarzer Pfeffer
4 EL Sonnenblumenöl
200 g weiche Butter
2 Eigelb
100 g Paniermehl
2 TL frisch gemahlene Wacholderbeeren
2 TL abgeriebene Schale einer unbehandelten Zitrone
2 EL gehackte schwarze Pfefferkörner
200 ml Wildgeflügelfond

Für die Pilze

600 g gemischte Pilze (z. B. Pfifferlinge, Rotkappen, Steinpilze)
1 mittelgroße weiße Zwiebeln
50 g Butter
½ Bund Schnittlauch
Salz
frisch gemahlener schwarzer Pfeffer

Wildente in der Pfefferkruste: Die Enten sauber parieren und der Länge nach in der Mitte durchtrennen. Anschließend die Hälften rundherum mit Salz und Pfeffer würzen. Das Öl in einem großen Bräter erhitzen und die Hälften auf jeder Seite etwa 2 Minuten anbraten. Den Bräter dann für 30 Minuten in den auf 180 °C vorgeheizten Backofen (Ober-/Unterhitze) schieben.

Für die Pfefferkruste die Butter cremig rühren und mit dem Eigelb, dem Paniermehl, den Wacholderbeeren, dem Zitronenabrieb und den Pfefferkörnern zu einer weichen Paste verkneten.

Die Entenhälften aus dem Bräter nehmen. Die Brust auslösen und die Keulen abtrennen und auf einem Backblech auslegen. Die Pfefferkruste auf den Ententeilen verteilen und 2–3 Minuten auf Grillstufe im Backofen gratinieren.

Den Bratrückstand im Bräter mit dem Fond ablösen und durch ein Sieb in einen Topf passieren. Mit Salz und Pfeffer abschmecken und etwas köcheln lassen.

Pilze: Die Pilze sorgfältig putzen, mit Küchenpapier abreiben, je nach Größe halbieren oder vierteln. Die Zwiebel abziehen und sehr fein hacken. Die Butter in einer Pfanne erhitzen und die Zwiebeln glasig dünsten. Die Pilze zugeben und 3–4 Minuten gut anbraten. Den Schnittlauch waschen trockenschütteln und in feine Röllchen schneiden. Die Pilze mit Salz und Pfeffer würzen und die Schnittlauchröllchen untermischen.

Anrichten: Die Pilze auf die Teller verteilen und je eine Brust und eine Keule darauf anrichten.

WILDENTENBRUST AUF EINEM RAGOUT VON STEINPILZEN

Für 4 Personen | Zubereitungszeit: ca. 30 Minuten

Für die Wildentenbrust
4 ausgelöste, küchenfertige Wildentenbrüste mit Haut
Salz
frisch gemahlener schwarzer Pfeffer

Für das Steinpilzragout
400 g Steinpilze
3 Schalotten
2 Knoblauchzehen
3 EL Olivenöl
Salz
frisch gemahlener schwarzer Pfeffer
1 Schuss trockener Weißwein
200 ml flüssige Sahne
2 Zweige Thymian
½ Bund glatte Petersilie

Zum Anrichten
Beilagen nach Wunsch (Reis, Nudeln, Kartoffelzubereitungen, Serviettenknödel)
gebratenen Kirschtomaten

Wildentenbrust: Die Brüste sauber parieren und in die Hautseite vorsichtig, ohne das Fleisch zu verletzen, ein Rautenmuster einschneiden. Mit Salz und Pfeffer würzen. Eine ofenfeste Pfanne ohne Fett erhitzen und die Brüste auf der Hautseite bei mittlerer Temperatur so lange anbraten, bis das Fett fast komplett ausgebraten ist. Die Entenbrüste dann auf die Fleischseite wenden und kurz anbraten. Die Pfanne für ca. 10 Minuten in den auf 160 °C vorgeheizten Backofen (Ober-/Unterhitze) stellen. Anschließend die Brüste einige Minuten ruhen lassen.

Steinpilzragout: Die Steinpilze sorgfältig putzen und klein schneiden. Die Schalotten und den Knoblauch abziehen. Beides in feine Würfel schneiden. Das Olivenöl in einer Pfanne erhitzen und erst die Pilze anbraten. Dann die Schalotten und den Knoblauch zugeben und mitbraten. Nach etwa 3–4 Minuten mit Salz und Pfeffer würzen. Anschließend mit dem Wein ablöschen und 1 Minuten köcheln lassen. Die Sahne unterrühren. Den Thymian und die Petersilie waschen, trockenschütteln, die Blätter abzupfen, fein hacken und in das Ragout mischen. Das Ragout so lange leicht köcheln lassen, bis es die gewünschte Konsistenz hat.

Anrichten: Das Steinpilzragout auf die vorgewärmten Teller verteilen und die Wildentenbrüste mit der Hautseite nach oben darauf anrichten. Mit den Kirschtomaten garnieren. Die gewählte Beilage daneben anrichten.

FRIKADELLEN VON DER NILGANSBRUST

Für 4 Personen | Zubereitungszeit: ca. 60 Minuten

Für die Frikadellen

2 ausgelöste Nilgansbrüste (ohne Haut)
2 Schalotten
1 Chilischote
1 Bund glatte Petersilie
2 EL Naturjoghurt
1 Ei
4 EL feines Paniermehl
2 EL geröstetes Sesamöl
2 EL schwarze Sesamsaat
Rapsöl zum Braten

Für das asiatische Paprikagemüse

je 1 rote und gelbe Paprikaschote
1 Knoblauchzehe
Rapsöl zum Braten
1 EL grüne Pfefferkörner in Lake
Salz
2 EL Teriyaki-Sauce

Frikadellen: Die Nilgansbrüste in Streifen schneiden und durch den Fleischwolf drehen. Die Schalotten abziehen und in feine Würfel schneiden. Die Chilischote aufschneiden, entkernen und in feine Würfel schneiden. Die Petersilie waschen, trockenschütteln und fein schneiden. Das Fleisch mit den Schalotten- und Chiliwürfeln in eine Schüssel geben. Den Joghurt, das verquirlte Ei, das Paniermehl und das Sesamöl dazugeben und verrühren. Die Petersilie unterrühren, dabei etwas Petersilie für das Anrichten beiseitestellen. Diesen Frikadellenteig kneten, bis eine gebundene Masse entstanden ist. Daraus 8 Frikadellen formen. Den schwarzen Sesam auf einem kleinen Teller verteilen und die Oberseiten der Frikadellen hineindrücken. Den Sesam vorsichtig andrücken.

Das Rapsöl in einer Pfanne erhitzen. Die Frikadellen darin auf jeder Seite 1½–2 Minuten vorsichtig anbraten. Die gebratenen Frikadellen dann auf ein mit Backpapier bedecktes Backblech setzen und im auf 130 °C (Umluft) vorgeheizten Backofen etwa 15 Minuten fertig garen.

Asiatisches Paprikagemüse: Die Paprikaschoten halbieren, von Kernen und Scheidewänden befreien und in feine Streifen schneiden. Den Knoblauch abziehen und in feine Würfel schneiden. Die Bratpfanne ausspülen und etwas Rapsöl darin erhitzen. Die Paprikastreifen, den Knoblauch und die Pfefferkörner darin etwas 15 Minuten braten. Dann mit Salz und der Teriyaki-Sauce würzen und kurz weiterbraten.

Anrichten: Das Paprikagemüse mittig auf die Teller geben. Je zwei Frikadellen daraufsetzen und mit etwas Petersilie garnieren.

GESCHMORTE JUNGTAUBEN AUF CHAMPAGNERKRAUT

Für 4 Personen | Zubereitungszeit: ca. 90 Minuten

Für die geschmorten Jungtauben

½ Knollensellerie
2 große Karotten
2 große Zwiebeln
8 küchenfertige Jungtauben (à ca. 350 g)
Salz
frisch gemahlener schwarzer Pfeffer
4 EL Rapsöl
2 EL Tomatenmark
400 ml trockener Rotwein
1 l Wildfond
6 Lorbeerblätter
6 Wacholderbeeren
4 Nelken
100 ml Golden Sherry
6 Salbeiblätter
Maisstärkemehl (optional)

Für das Champagnerkraut

1 Gemüsezwiebel
1 kg frisches Sauerkraut
3 EL Butter- oder Schweineschmalz
200 ml trockener Weißwein
2 Lorbeerblätter
4 Wacholderbeeren
4 Nelken
Salz
frisch gemahlener weißer Pfeffer
Zucker
3 EL Kartoffelstärke
1 großer Schuss Champagner

Zum Anrichten

in Butter gebratene Trauben
gebratener Speck
Kräuterzweige

Geschmorte Jungtauben: Den Sellerie und die Karotten schälen, die Zwiebel abziehen und alles in Würfel schneiden. Die Tauben sauber parieren und rundherum mit Salz und Pfeffer würzen. Das Öl in einer großen Kasserolle erhitzen und die Tauben von allen Seiten braun anbraten. Die Tauben aus dem Bräter nehmen und beiseitestellen. Die Gemüsewürfel in den Bräter geben und goldgelb anrösten. Das Tomatenmark zugeben, kurz anrösten und mit dem Rotwein ablöschen.

Nachdem der Rotwein auf die Hälfte eingekocht ist, mit dem Wildfond aufgießen und die Tauben wieder zugeben. Die Lorbeerblätter, die Wacholderbeeren und die Nelken zufügen, den Bräter abdecken und den Inhalt einmal aufkochen. Die Tauben eine Stunde leicht schmoren lassen. Die Tauben sind gar, wenn sich die Keulen leicht lösen lassen. Die Tauben dann herausnehmen und warm stellen. Den Fond durch ein feines Sieb in einen Topf passieren und wieder erhitzen. Den Sherry und die Salbeiblätter zugeben und etwa 5 Minuten köcheln lassen. Nach Bedarf mit in etwas kaltem Wasser glatt gerührtem Maisstärkemehl abbinden.

Champagnerkraut: Die Zwiebel abziehen und in feine Streifen schneiden. Das Sauerkraut in ein Sieb geben, gut mit Wasser abspülen und abtropfen lassen. Das Fett in einem Topf erhitzen und die Zwiebelstreifen glasig anschwitzen. Das Sauerkraut zugeben, den Wein aufgießen und mit Wasser auffüllen, bis das Kraut mit Flüssigkeit bedeckt ist. Die Lorbeerblätter, die Wacholderbeeren und die Nelken in ein Gewürzsäckchen verpackt zugeben. Das Sauerkraut etwa 45 Minuten köcheln lassen.

Dann mit Salz, weißem Pfeffer und Zucker abschmecken. Das Sauerkraut sollte eine leicht süße Note erhalten. Mit etwas in kaltem Wasser angerührter Kartoffelstärke abbinden und nochmals kurz aufkochen. Vor dem Anrichten einen guten Schuss Champagner zugeben.

Anrichten: Das Champagnerkraut auf die Teller verteilen und die Tauben darauf platzieren. Etwas Sauce über die Tauben geben. Die Trauben und den Speck als Ring anrichten. Mit Kräuterzweigen garnieren.

TAUBENSUPPE MIT GEMÜSEPERLEN

Für 4 Personen | Zubereitungszeit: ca. 2 ½ Stunden

Für die Taubensuppe
1 Zwiebel
1 Karotte
¼ Knollensellerie
1 kleine Stange Lauch
4 küchenfertige Ringeltauben
4 EL Rapsöl
1 EL Tomatenmark
Salz
4 Lorbeerblätter
6 Wacholderbeeren
40 ml süßen Sherry
Gemüse nach Wahl (z. B. Karotte, Knollensellerie, Zucchini, Kartoffel, Kürbis, Steckrübe, Kohlrabi)

Taubensuppe: Die Zwiebel abziehen, die Karotte und den Sellerie schälen und in Würfel schneiden. Den Lauch putzen und die weißen Anteile in Streifen schneiden. Die Tauben sauber parieren. Das Öl in einem großen Topf erhitzen und die Tauben anbraten. Das Gemüse zugeben und gut anbraten. Dann das Tomatenmark unterrühren und anrösten. 3 l Wasser aufgießen und mit Salz würzen. Das Wasser langsam zum Kochen bringen und dabei aufsteigenden Schaum abschöpfen. Nach 30 Minuten die Lorbeerblätter und die Wacholderbeeren zugeben und noch etwa 1 ½ Stunden leicht köcheln lassen. Die Tauben sind gar, wenn sich die Keulen leicht lösen lassen.

Dann mit einem Kugelausstecher Gemüseperlen herstellen. Das Fleisch und die Gemüseperlen in die Brühe geben und letztere kurz bissfest ziehen lassen.

Anrichten: Die Suppe auf tiefe Teller verteilen.

VARIATION VON DER RINGELTAUBE

Für 4 Personen | Zubereitungszeit: ca. 90 Minuten

Für die Praline

8 Taubenfilets
1 Eigelb
½ TL sehr fein gehackte glatte Petersilie
1 Spritzer Trüffelöl
Paniermehl (optional)
4 Taubenkeulen
Salz
frisch gemahlener schwarzer Pfeffer
2 EL flüssige Butter
4 Zahnstocher

Für die Koteletts

4 ausgelöste, küchenfertige Taubenbrüste mit den Flügelknochen
Salz
frisch gemahlener schwarzer Pfeffer
1 EL Butter
1 Zweig Rosmarin
100 ml Wildfond
1 EL Holundergelee

Für die Frühlingsrollen

50 g Wurzelgemüse (z. B. Knollensellerie, Karotte, Lauch)
1 Taubenbrust
1 EL geröstetes Sesamöl
1 EL gehackte Walnusskerne
1 TL gehackte Chilischote
1 TL gehackter frischer Koriander
Salz
frisch gemahlener schwarzer Pfeffer
4 Frühlingsrollenblätter
100 g Tempura-Teigmischung (z. B. Tempurako)
neutrales Pflanzenöl zum Frittieren

Praline: Die Filets sehr fein hacken und in eine Schale geben. Das Eigelb, die Petersilie und das Trüffelöl zugeben und gut verkneten, bis ein homogener Fleischteig entsteht. Bei Bedarf etwas Paniermehl verwenden. Die Taubenkeulen sauber parieren und die Oberschenkelknochen auslösen. Das Fleisch des Unterschenkels mit zwei Fingern zum Gelenk schieben und in die Höhlung den Fleischteig füllen. Die Haut über die Füllung ziehen und mit einem Zahnstocher feststecken. Die Keulen mit Salz und Pfeffer würzen. Dann mit der Butter einpinseln und auf einer ofenfesten Platte im auf 80 °C vorgeheizten Backofen (Ober-/Unterhitze) 20 Minuten gar ziehen lassen.

Koteletts: Die Brüste sauber parieren und dabei die Flügelknochen sauber abschaben. Mit Salz und Pfeffer würzen. Die Butter in einer Pfanne aufschäumen und die Taubenbrüste von jeder Seite jeweils 1 Minute anbraten. Die Brüste mit der Butter und dem Rosmarinzweig auf einem ofenfesten Teller im auf 80 °C vorgeheizten Backofen (Ober-/Unterhitze) 15 Minuten gar ziehen lassen. Den Wildfond und das Holundergelee in die Bratpfanne geben und bis zu einer sirupartigen Konsistenz reduzieren. Die gar gezogenen Taubenbrüste kurz in der Sauce ziehen lassen.

Frühlingsrollen: Das Wurzelgemüse putzen und in sehr feine Brunoise schneiden. Die Taubenbrust sauber parieren und in kleine Würfel schneiden. Das Sesamöl in einer Pfanne erhitzen und die Fleisch- und Gemüsewürfel gut anbraten. Dann die Walnusskerne, die Chilischote und den Koriander untermischen und nochmals kurz durchbraten. Mit Salz und Pfeffer würzen. Die Frühlingsrollenblätter auf der Arbeitsfläche auslegen, etwas anfeuchten und die Füllung darauf verteilen.

Für die Wan-Tans
50 g Wurzelgemüse (z. B. Knollensellerie, Karotte, Lauch)
1 Taubenbrust
1 EL geröstetes Sesamöl
1 EL gehackte Walnusskerne
1 TL gehackte Chilischote
1 TL gehackter frischer Koriander
Salz
frisch gemahlener schwarzer Pfeffer
4 Wan-Tan-Blätter
100 g Tempura-Teigmischung (z. B. Tempurako)
neutrales Pflanzenöl zum Frittieren

Für die Saté-Spieße
4 Taubenbrüste
2 EL neutrales Pflanzenöl
Salz
frisch gemahlener schwarzer Pfeffer
1 EL Sweet Chili Sauce
1 EL Sojasauce
grobes Currypulver
4 hölzerne Spieße

Zum Anrichten
aufgeschnittene Chilischote
Kräuter
Sweet Chili Sauce

Dann zu einer kompakten Rolle einschlagen. Die Tempura-Teigmischung mit etwa 140 ml sehr kaltem Wasser anrühren. Die Frühlingsrollen durch den Tempurateig ziehen und sofort goldbraun frittieren. Anschließend auf Küchenpapier abtropfen lassen.

Wan-Tans: Das Wurzelgemüse putzen und in sehr feine Brunoise schneiden. Die Taubenbrust sauber parieren und in kleine Würfel schneiden. Das Sesamöl in einer Pfanne erhitzen und die Fleisch- und Gemüsewürfel gut anbraten. Dann die Walnusskerne, die Chilischote und den Koriander untermischen und nochmals kurz durchbraten. Mit Salz und Pfeffer würzen. Die Wan-Tan-Blätter auslegen, etwas anfeuchten und die Füllung darauf verteilen. Die Teigblätter zu keinen Säckchen zusammenfalten. Die Tempura-Teigmischung mit etwa 140 ml sehr kaltem Wasser anrühren. Die Wan-Tans durch den Tempurateig ziehen und sofort goldbraun frittieren. Anschließend auf Küchenpapier abtropfen lassen.

Saté-Spieße: Die Brüste sauber parieren und zwischen zwei Lagen Frischhaltefolie dünn plattieren. Dann in der Mitte falten und wellenförmig auf die Spieße stecken. Das Öl in einer Pfanne erhitzen und die Spieße anbraten. Mit Salz und Pfeffer, den Saucen und dem groben Curry würzen.

Anrichten: Je einen Saté-Spieß, eine Frühlingsrolle, ein Kotelett mit etwas Sauce, eine Praline und ein Wan-Tan auf einem vorgewärmten Teller anrichten und mit einer Cocktailtomate, einigen Scheiben frischer Chilischote und Kräutern garnieren. Die Sweet Chili Sauce daneben anrichten.

WILDTAUBENBRUST AUF GEBRATENEM SPARGEL

Für 4 Personen | Zubereitungszeit: ca. 30 Minuten

Für den gebratenen Spargel
12 Stangen weißer Spargel
12 Stangen grüner Spargel
1 EL Sesamöl
1 EL Olivenöl
Salz
frisch gemahlener schwarzer Pfeffer
Zucker
½ Bund Schnittlauch
2 Stängel Salbei
2 Tomaten

Für die Wildtaubenbrust
8 küchenfertige Brüste von Wildtauben, ohne Haut
Salz
frisch gemahlener schwarzer Pfeffer
1 EL Butterschmalz
150 ml Wildfond
50 ml Portwein

Zum Anrichten
unbehandelte Salbeiblüten

Gebratener Spargel: Den Spargel schälen und in gleichmäßig große Stücke schneiden. In einer Pfanne das Sesamöl und das Olivenöl erhitzen, den Spargel zugeben und kurz gold-gelb anbraten. Dann mit Salz, Pfeffer und Zucker würzen. Den Schnittlauch und den Salbei waschen und trockenschütteln. Den Schnittlauch in feine Röllchen schneiden. Die Salbeiblätter abzupfen. Die Tomaten waschen, halbieren, die Kerne entfernen und das Fruchtfleisch in feine Würfel schneiden. Vor dem Servieren die Schnittlauchröllchen, die Salbeiblätter und die Tomatenwürfel zum Spargel geben und nochmals gut durchschwenken.

Wildtaubenbrust: Die Taubenbrüste sauber parieren und mit Salz und Pfeffer würzen. In einer Pfanne das Butterschmalz erhitzen und die Taubenbrüste bei niedriger Temperatur 2 Minuten von jeder Seite langsam braten. Dann aus der Pfanne entnehmen und ruhen lassen. Den Wildfond und den Portwein in die Pfanne geben und auf ¼ reduzieren, bis eine sämige Sauce entsteht. Mit Salz und Pfeffer abschmecken. Vor dem Servieren die Taubenbrüste aufschneiden.

Anrichten: Den gebratenen Spargel auf die vorgewärmten Teller verteilen. Die Fleischscheiben anrichten und mit etwas Sauce beträufeln.

WILDTAUBENBRUST AUF EINEM KARTOFFEL-CARPACCIO

Für 4 Personen | Zubereitungszeit: ca. 30 Minuten

Für das Kartoffel-Carpaccio
800 g fest kochende Kartoffeln
Salz

Für die Mayonnaise
1 Eigelb
1 EL mittelscharfer Senf
100 ml Sonnenblumenöl
4 EL Sherryessig
1 Schuss süßer Sherry
Salz
frisch gemahlener weißer Pfeffer
Zucker

Für die Wildtaubenbrust
8–10 küchenfertige Wildtaubenbrüste ohne Haut
3 EL Butter
Salz
frisch gemahlener schwarzer Pfeffer

Zum Anrichten
gemischter Salat der Saison

Kartoffel-Carpaccio: Die Kartoffeln waschen und schälen. In Salzwasser weichkochen und in Scheiben schneiden.

Mayonnaise: Das Eigelb und den Senf in einen hohen Rührbecher geben. Mit einem Stabmixer kurz vermischen und unter stetigem Mixen langsam das Öl einlaufen lassen. Dabei den Mixbecher leicht schräg halten und den Stabmixer langsam an der Wand des Mixbechers nach oben ziehen. Den Sherryessig und den Sherry untermischen und mit Salz, Pfeffer und etwas Zucker abschmecken.

Wildtaubenbrust: Die Taubenbrüste sauber parieren. Die Butter bei niedriger Temperatur in einer Pfanne aufschäumen und die Taubenbrüste 2–3 Minuten auf jeder Seite braten. Während des Bratens mit Pfeffer und Salz würzen. Die Wildtaubenbrüste aus der Pfanne nehmen, 2 Minuten ruhen lassen und vor dem Servieren dünn aufschneiden.

Anrichten: Die Kartoffelscheiben rosettenförmig auf den Tellern anrichten und die Mayonnaise darüberträufeln. Den gemischten Salat in der Mitte platzieren. Die Fleischscheiben daran anlegen.

TIPP

Als Vorspeise reichen eine Wildtaubenbrust pro Person und etwas weniger Kartoffeln.

STÄNDIGER BEGLEITER DES JÄGERS IST SEIN HUND.

Im Laufe der Zeit haben sich beide aufeinander eingespielt. Sie bilden eine Einheit. Oft erkennt der Hundeführer aus Feinheiten im Verhalten seines Hundes, worauf sein vierbeiniger Jagdhelfer ihn aufmerksam machen möchte.

Neben einer guten Nase ist auch die Wasserfreude eines Hundes eine der »angewölften« Eigenschaften. Diese Anlage lässt sich nicht anerziehen, der Hund muss sie in den Genen haben.

FISCH

236

RIESLING ZUM FISCH

Stellen sie sich ein pochiertes Forellenfilet mit 1 Prise Salz und 3 Tropfen Zitronensaft vor. Einfacher und puristischer kann ein Gericht kaum sein. Jetzt stellen sie sich ein Seezungenfilet vor, im Speckmantel gebraten, anschließend mit Sauce Hollandaise überbacken. Damit haben wir das obere Ende der Aromaskala erreicht. Wenn wir jetzt, der Einfachheit halber, der Forelle auf einer solchen Aromenzuordnung eine 1 geben und der Seezunge eine 10, dann haben wir eine Skala, an der wir uns orientieren können. Je niedriger ein Gericht eingeordnet ist, desto leichter, niedriger im Alkoholgehalt und in den Aromen muss der passende Wein sein, je größer der Wert wird, desto höher müssen die Komplexität und der Alkoholgehalt sein.

Da die Fischgerichte in diesem Buch fast ausschließlich zwischen den Werten 4 und 7 einzuordnen sind, kommen wir mit zwei Weinen sehr gut aus.

Bei Zubereitungen mit Sahne, Butter, Käse und Béchamelsauce greift man zu wenig fruchtigen, dafür leicht tanninhaltigen Weißweinen im mittleren bis hohen Alkoholbereich. Dazu kommen wir auf der nächsten Seite.

Alle anderen Fischgerichte in diesem Buch benötigen die Frucht, die den Riesling weltberühmt gemacht haben.

Ich habe mich für eine große Lage (Wisselbrunnen) des Premiumweinguts Schloss Reinhartshausen im Rheingau entschieden. Eine große Lage – sie ist etwas unterhalb des großen Gewächses einzuordnen. Der Wein hat den großen Vorteil, dass er, im Gegenteil zum großen Gewächs, auch sehr jung getrunken werden kann. Er hat dennoch eine Lagerfähigkeit von vielen Jahren.

Der Alkoholgehalt liegt mit 12 Volumenprozent im mittleren Bereich und die herrliche Frucht ist deutlich erkennbar.

Er ist in diesem Buch der Allrounder für alle Fischgerichte, deren Zubereitung ohne viele aromenintensive Ingredienzen auskommt, wie zum Beispiel die Dorade mit Fenchel, die gefüllte Scholle oder der Karpfen im Brotmantel.

CHARDONNAY ZUM FISCH

Domaine Madone Bourgogne Chardonnay, Beaujolais: Bei den Fischgerichten in diesem Buch, bei denen mit gehaltvollen Beilagen gekocht wird, ist die Säure im Wein oft störend und sollte nur dezent eingesetzt werden. Dennoch muss der Wein breite Schultern haben. Der Domaine Madone ist genau so ein Wein, dezente Säure und große Komplexität, getragen von stolzen 13 Prozent Alkohol und einer angenehmen Tanninstruktur.

Dieser Wein nimmt es mit jeder kräftigen Sauce auf. Er zeigt seine echte Qualität aber erst als Speisenbegleiter. Das heißt, dass der erste Schluck aus der frisch geöffneten Flasche vielleicht noch etwas sperrig im Mund erscheint. Mit dem ersten Bissen der Speise verwandelt er sich jedoch sofort zu einem traumhaften Bestandteil, quasi zur Aromenexplosion auf der Zunge.

Eine weitere Stärke dieses typischen Vertreters der klassischen französischen Chardonnaykultur ist die Tatsache, dass er durch seine große Dichte auch zu fast allen Wildgerichten getrunken werden kann, falls man eine Abneigung gegen Rotwein hegt.

Diesen Wein empfehlen wir zu Gerichten wie dem Cassoulet vom Hecht, dem Hecht an Kapern-Senfsauce oder der Regenbogenforelle mit Lauchgemüse.

BOURGOGNE BLANC
Chardonnay

CASSOULET VOM HECHT

Für 4 Personen | Zubereitungszeit: ca. 30 Minuten

Für das Cassoulet
4 Schalotten
200 ml trockener Weißwein
2 Lorbeerblätter
500 ml Fischfond
200 ml flüssige Sahne
100 ml Wermut (z. B. Noilly Prat)
1–2 TL Maisstärkemehl
200 g Wurzelgemüse (z. B. Sellerie, Möhre, Lauch)
800 g küchenfertiges Hechtfilet
2 EL Butter
½ Bund Dill
Salz

Zum Anrichten
4 Crêpes
Gurkenstücke
Paprika- oder Tomatenwürfel

Cassoulet: Die Schalotten abziehen und in feine Würfel schneiden. Den Weißwein mit den Schalottenwürfeln und den Lorbeerblättern aufkochen und auf etwa die Hälfte reduzieren. Dann den Fond, die Sahne und den Noilly Prat unterrühren und wieder auf etwa die Hälfte reduzieren. Die Sauce mit dem in etwas kaltem Wasser angerührten Maisstärkemehl binden.

Das Wurzelgemüse putzen, gegebenenfalls schälen und in sehr feine Juliennestreifen schneiden. Das Hechtfilet waschen, gegebenenfalls noch vorhandene Gräten entfernen und das Fleisch in gleichmäßige Würfel schneiden. Die Butter in einer Pfanne erhitzen und die Gemüsestreifen anbraten. Dann die Hechtwürfel zugeben und mit der Sauce übergießen. Das Ganze einmal aufkochen. Den Dill waschen, trockenschütteln und sehr fein hacken. Das Cassoulet mit Dill und Salz abschmecken.

Anrichten: Je einen Crêpe auf die Teller legen und reichlich Cassoulet darübergeben. Die Gurken und die Paprika- oder Tomatenwürfel untermischen. Den Crêpe zu einer Tüte aufrollen.

DORADE MIT FENCHEL

Für 4 Personen | Zubereitungszeit: ca. 30 Minuten

Für die Doraden mit Fenchel
2 große Fenchelknollen mit Grün
1 TL neutrales Pflanzenöl
2 EL Butter
4 küchenfertige Doraden
Salz
frisch gemahlener schwarzer Pfeffer
1 unbehandelte Zitrone
1 Schuss trockener Weißwein

Zum Anrichten
geschmolzenen Kirschtomaten

Doraden mit Fenchel: Den Fenchel waschen, putzen, das Fenchelgrün abschneiden und beiseitestellen. Den Fenchel halbieren, den harten Strunk entfernen und den Rest in feine Streifen schneiden. Das Pflanzenöl und die Butter in einem großen Bräter erhitzen und den Fenchel anbraten.

Die Doraden waschen, putzen, die seitlichen Flossen abschneiden und den Fisch quer einritzen, sodass 3 Taschen entstehen. In diese Taschen das beiseitegestellte Fenchelgrün stecken. Die Dorade mit Salz und Pfeffer würzen und mit Zitronensaft beträufeln. Danach auf den Fenchel in den Bräter geben und mit dem Weißwein übergießen. Die Doraden 30 Minuten im auf 200 °C vorgeheizten Backofen (Ober-/Unterhitze) garen. Anschließend die Doraden vorsichtig tranchieren.

Anrichten: Den Fenchel als Bett auf den Tellern anrichten und die Fischtranchen darauflegen. Die Kirschtomaten danebensetzen.

GEFÜLLTE SCHOLLE MIT BLATTSPINAT

Für 4 Personen | Zubereitungszeit: ca. 30 Minuten

Für die gefüllte Scholle mit Blattspinat

1 kg frischer Blattspinat
12 Kirschtomaten
1 Limette
Salz
frisch gemahlener schwarzer Pfeffer
frisch geriebene Muskatnuss
4 Schollen (à 500–600 g)
50 g Paniermehl
1 Knoblauchzehe
1 EL Olivenöl
100 g Speckwürfel
50 g Butter
50 ml Aceto balsamico

Gefüllte Scholle mit Blattspinat: Den Spinat putzen, waschen und kurz in heißem Salzwasser blanchieren. Den Spinat in Eiswasser abkühlen und in einem Sieb gut abtropfen lassen. Die Tomaten waschen und vierteln. Die Limette schälen und in feine Würfel schneiden. Dann die Hälfte des Spinats, die Tomaten- und Limettenwürfel miteinander vermengen und mit Salz, Pfeffer und Muskatnuss abschmecken.

Die Schollen waschen, putzen und von beiden Seiten mit Salz und Pfeffer würzen. Mit einem spitzen Messer vorsichtig eine Tasche in die fleischige Seite schneiden und diese mit der Spinatmischung füllen. Die gefüllten Fische auf ein mit Paniermehl bestreutes Blech legen und für etwa 12 Minuten in den auf 180–200 °C vorgeheizten Backofen (Ober-/Unterhitze) schieben.

Den Knoblauch schälen und fein hacken. Das Olivenöl in einer Pfanne erhitzen und den Knoblauch leicht anbraten. Den restlichen Spinat zugeben und ebenfalls leicht anbraten. Dann mit Salz, Pfeffer und Muskatnuss abschmecken.

Die Speckwürfel in einer heißen Pfanne kross ausbraten, aus der Pfanne nehmen und beiseitestellen. In der gleichen Pfanne die Butter aufschäumen, mit dem Aceto balsamico ablöschen und mit Salz und Pfeffer abschmecken.

Anrichten: Den gebratenen Spinat als Bett auf den Tellern verteilen. Die gefüllten Schollen darauf anrichten. Die Speckwürfel und die Balsamico-Butter darüber verteilen.

HECHT AN KAPERN-SENFSAUCE

Für 4 Personen | Zubereitungszeit: ca. 45 Minuten

Für den Hecht an Kapern-Senfsauce

4 küchenfertige Hechtfilets (à 200 g)
Saft von 1 Zitrone
Salz
frisch gemahlener schwarzer Pfeffer
1 Zwiebel
250 ml trockener Weißwein
1 EL Essig
4 schwarze Pfefferkörner
4 Pimentkörner
1 Lorbeerblatt
2 EL Butter
1 EL Mehl Type 405
1 EL scharfer Senf
1 EL eingelegte Kapern
1 Prise Zucker
1 Eigelb
2 EL flüssige Sahne

Zum Anrichten

blanchierter Blattspinat

Hecht an Kapern-Senfsauce: Die Hechtfilets abspülen, trockentupfen und auf gegebenenfalls noch vorhandene Gräten kontrollieren. Mit etwas Zitronensaft beträufeln und leicht mit Salz und Pfeffer würzen. Die Zwiebel abziehen und in feine Würfel schneiden. In einem breiten Topf 250 ml Wasser mit dem Wein, dem Essig, 1 TL Salz und den Zwiebeln, den Gewürzkörnern und dem Lorbeerblatt einige Minuten aufkochen. Die Hechtfilets in den Sud geben und im offenen Topf bei schwacher Hitze etwa 12 Minuten gar ziehen lassen. Die Fischfilets aus dem Sud nehmen und warm stellen. Den Sud durch ein Sieb gießen. Die Butter in einem Topf erhitzen, das Mehl unterrühren und nach und nach unter Rühren mit dem Fischsud auffüllen. Den Senf und die Kapern untermischen und mit Salz sowie Zucker abschmecken. Das Eigelb mit der Sahne verquirlen und die Sauce damit legieren.

Anrichten: Den Blattspinat mittig in tiefen Tellern anrichten und die Hechtfilets daran anrichten. Die Kapern-Senfsauce darübergeben.

HECHTKLÖSSCHEN AUF BLATTSPINAT MIT DILLSAUCE

Für 4 Personen | Zubereitungszeit: ca. 45 Minuten

Für die Dillsauce
1 kleine Schalotte
1 EL Butter
250 ml Fischfond
100 ml trockener Weißwein
200 g flüssige Sahne
1 Bund frischer Dill
Salz
frisch gemahlener schwarzer Pfeffer

Für die Hechtklößchen
20 g Weißbrotwürfel ohne Rinde
1 Eiweiß
200 g flüssige Sahne
400 g küchenfertiges Hechtfleisch
Salz
frisch gemahlener schwarzer Pfeffer
Zitronensaft
100 g geschlagene Sahne
1 ½ l Fischfond

Zum Anrichten
gedünsteter Blattspinat
Reis

Dillsauce: Die Schalotte abziehen und in feine Würfel schneiden. Die Butter in einem Topf erhitzen und die Schalotten glasig dünsten. Den Fond und den Wein angießen und auf die Hälfte reduzieren. Dann die Sahne unterrühren und nochmals bis zur gewünschten Konsistenz einkochen. Den Dill waschen, trockenschütteln und fein hacken. Die Sauce mit Salz und Pfeffer abschmecken und den Dill unterrühren.

Hechtklößchen: Die Weißbrotwürfel in einer Schale im Eiweiß und 3 EL flüssiger Sahne einweichen. Das gut gekühlte Hechtfleisch auf Gräten kontrollieren und klein schneiden. Mit etwas Salz würzen und in einen Standmixer füllen. Die eingeweichten Weißbrotwürfel und die restliche flüssige Sahne zugeben und zu einer feinen Farce pürieren. Mit Pfeffer und Zitronensaft abschmecken. Die geschlagene Sahne unterheben. Den Fischfond in einem großen Topf zum Kochen bringen. Mit 2 Esslöffeln Klößchen aus der Farce formen und diese in den kochenden Fond gleiten lassen. Die Klößchen gar ziehen lassen. Mit einem Schaumlöffel aus dem Fond heben und etwas abtropfen lassen.

Anrichten: Die Hechtklößchen auf dem Blattspinat anrichten. Die Dillsauce darübergeben. Den Reis in einer separaten Schale dazu reichen.

KARPFEN IM BROTMANTEL

Für 4 Personen | Zubereitungszeit: ca. 45 Minuten

Für den Karpfen im Brotmantel

1 küchenfertiger Karpfen (ca. 2 ½ kg)
Zitronensaft
Salz
frisch gemahlener schwarzer Pfeffer
2 Zweige Rosmarin
1 Bund glatte Petersilie
2 Zweige Thymian
12 EL Paniermehl
250 g kalte Butter

Zum Anrichten

Salzkartoffeln
Blattsalat
Meerrettich-Senf-Sauce

Karpfen im Brotmantel: Den Karpfen schuppen, gut waschen und der Länge nach mit einem scharfen Messer halbieren, dabei den Fisch mit einem festen Küchenhandtuch festhalten. Die beiden Hälften des Karpfens mit Zitronensaft beträufeln und mit Salz und Pfeffer würzen. Die Kräuter waschen, trockenschütteln, die Blätter bzw. Nadeln abzupfen und fein hacken. Das Paniermehl in einer Schale mit den Kräutern vermischen. Die Karpfenhälften mit der Bauchseite nach unten auf ein Backblech legen und die Kräuterbrösel gleichmäßig auf der Hautseite verteilen. Die Butter in feine Scheiben schneiden und die Karpfenhälften damit komplett abdecken. Den Fisch im auf 180 °C vorgeheizten Backofen (Ober-/Unterhitze) 20 Minuten goldbraun backen. Vor dem Servieren die Karpfenhälften vorsichtig von den Gräten heben. Die Butter, die sich auf dem Backblech angesammelt hat, in eine kleine Sauciere gießen.

Anrichten: Die Karpfenhälften auf die vorgewärmten Teller verteilen. Die Beilagen daneben anrichten. Die Sauce und die Bratbutter in separaten Saucieren dazustellen.

LACHSTATAR MIT ORANGEN-HONIG-SENF-SAUCE

Für 4 Personen | Zubereitungszeit: ca. 30 Minuten

Für das Lachstatar mit Orangen-Honig-Senf-Sauce

1 EL flüssiger Honig
1 EL Dijon-Senf
3 EL frisch gepresster Orangensaft
1 Msp. abgeriebene Schale einer unbehandelten Orange
Salz
frisch gemahlener schwarzer Pfeffer
240 g geräuchertes Wildlachsfilet
3 Stängel Dill
1 EL frisch gepresster Limettensaft

Zum Anrichten

kleine Dillzweige

Lachstatar mit Orangen-Honig-Senf-Sauce: Den Honig, den Senf, den Orangensaft und den Schalenabrieb verrühren und mit Salz und Pfeffer abschmecken. Den Lachs in sehr kleine Würfel schneiden. Den Dill waschen, trockenschütteln und sehr fein hacken. Das Lachstatar mit dem Dill und der Sauce vermischen – dabei etwas Sauce zum Anrichten zurückbehalten – und mit Salz, Pfeffer und Limettensaft abschmecken.

Anrichten: Mithilfe eines Anrichterings das Lachstatar mittig auf den Tellern platzieren und einige Tupfen Orangen-Honig-Senf-Sauce außenherum setzen. Mit dem Dill garnieren.

WÜRZIG FEURIGER FLAMMLACHS

Für 4 Personen | Zubereitungszeit: ca. 45 Minuten

Für den Flammlachs

1 Lachsfiletseite mit Haut
1 EL Meersalz
1 EL grob gemörserte schwarze Pfefferkörner
Saft 1 Limette

Zum Anrichten

Grilltomaten
Meerrettich
Rucolasalat

Flammlachs: Das Lachsfilet sorgfältig auf Gräten kontrollieren. Dann mit Salz und Pfeffer würzen und mit dem Limettensaft beträufeln. Das Lachsfilet mit der Hautseite nach unten auf eine Zedernholzplanke legen und befestigen. Die Planke so an ein loderndes Feuer stellen, dass die Spitze zum Feuer zeigt und die Planke etwas zum Feuer geneigt ist. Das Feuer sollte während des Garvorgangs stets eine hohe Flamme haben. Den Lachs ca. 45–60 Minuten garen, bis Eiweiß an der Oberseite austritt. Den Lachs dann portionieren und dabei die Haut entfernen.

Anrichten: Die Lachstranchen mit den Grilltomaten, dem Meerrettich und dem Rucolasalat servieren.

REGENBOGENFORELLE GEFÜLLT MIT LAUCHGEMÜSE

Für 4 Personen | Zubereitungszeit: ca. 45 Minuten

Für die Regenbogenforelle gefüllt mit Lauchgemüse

4 küchenfertige Regenbogenforellen (à ca. 300 g)
Salz
frisch gemahlener schwarzer Pfeffer
2 mittelgroße Zwiebeln
4 Stangen Lauch
200 g Butter
50 ml trockener Weißwein
200 ml flüssige Sahne
2 Tomaten

Zum Anrichten

Salzkartoffeln (optional)

Regenbogenforelle gefüllt mit Lauchgemüse: Die Forellen gut waschen und mit einem sehr scharfen kleinen Messer die Gräten auslösen. Dazu mit dem Messer am leicht nach außen geklappten Bauchlappen über die Mittelgräte bis zur Rückenhaut schneiden. Mit einer Schere die Mittelgräte am Kopf und am Schwanzansatz durchschneiden und die Gräten herausziehen. Die Forellen mit Salz und Pfeffer würzen und beiseitelegen.

Die Zwiebeln abziehen und in feine Würfel schneiden. Den Lauch putzen und die hellen Anteile in feine Ringe schneiden.

30 g Butter in einem Topf zergehen lassen und die Zwiebeln und den Lauch anschwitzen. Mit dem Weißwein ablöschen und mit der Sahne auffüllen. Etwa 5 Minuten kräftig kochen, damit die Bindung durch die Sahne einsetzt. Die Tomaten waschen, halbieren, entkernen und das Fruchtfleisch in kleine Würfel schneiden. Dann die Tomatenwürfel unter den Lauch mischen und mit Salz und Pfeffer abschmecken.

Die Forellen mit dem Lauchgemüse füllen und auf ein gebuttertes Backblech legen. Die restliche Butter in Flocken auf den Forellen verteilen. Mit gefüllten Forellen 15 Minuten im auf 180 °C vorgeheizten Backofen (Ober-/Unterhitze) garen.

Anrichten: Die gefüllten Forellen auf den vorgewärmten Tellern anrichten und nach Wunsch Salzkartoffeln dazu servieren.

TATAR VOM SAIBLING MIT FORELLENKAVIAR

Für 4 Personen | Zubereitungszeit: ca. 45 Minuten

Für das Tatar vom Saibling

1 küchenfertiger Saibling (ca. 400–500 g)
3 Schalotten
1 EL Olivenöl
1 EL Zitronensaft
Salz
frisch gemahlener schwarzer Pfeffer
½ Bund frischer Dill
1–2 TL Crème fraîche (optional)

Für die Dill-Senf-Sauce

½ Bund Dill
100 g Crème fraîche
½ EL mittelscharfer Senf
Salz
frisch gemahlener schwarzer Pfeffer

Zum Anrichten

feine Zwiebelringe
Forellen- oder Saiblingskaviar
kleine Dillzweige
frittierte Selleriechips

Tatar vom Saibling: Den Saibling filetieren und sorgfältig die Haut und alle Gräten entfernen. Das Fischfleisch in sehr feine Würfel schneiden und in eine Schale geben. Die Schalotten abziehen und sehr fein gewürfelt zum Fisch geben. Das Öl und den Zitronensaft unterrühren und mit Salz und Pfeffer abschmecken. Den Dill waschen, trockenschütteln und fein hacken. Vor dem Servieren unter das Tatar heben. Sollte das Tatar etwas zu weich geworden sein, etwas Crème fraîche unterrühren.

Dill-Senf-Sauce: Den Dill waschen, trockenschütteln und fein hacken. Alle Zutaten miteinander verrühren und gut mit Salz und Pfeffer abschmecken.

Anrichten: Mithilfe eines Anrichterings das Tatar auf den Tellern platzieren. Einen Klecks Dill-Senf-Sauce daneben anrichten. Das Tatar mit den Zwiebelringen, dem Kaviar, dem Dill und den frittierten Selleriechips garnieren.

ZANDERSCHNITTE AUF DER SCHUPPE GEBRATEN

Für 4 Personen | Zubereitungszeit: ca. 20 Minuten

Für die Zanderschnitte

4 küchenfertige Zanderschnitten mit Haut (à 200 g)
Salz
frisch gemahlener schwarzer Pfeffer
2 EL neutrales Pflanzenöl

Zum Anrichten

Dillzweige
Spinat
glasierte Karotten

Zanderschnitte: Die Zanderschnitten sorgfältig auf gegebenenfalls noch vorhandene Gräten kontrollieren. Dann mit Salz und Pfeffer würzen. Das Öl in einer Pfanne erhitzen und die Fischstücke auf der nicht geschuppten Hautseite 4–5 Minuten braten. Zum Schluss den Fisch auf die Fleischseite wenden und ganz kurz braten.

Anrichten: Den kurz angebratenen Spinat auf die vorgewärmten Teller verteilen und die Zanderschnitte darauf anrichten. Die glasierten Karotten danebenlegen.

ZANDER IN BACKPAPIER GEGART MIT GEMÜSEJULIENNE

Für 4 Personen | Zubereitungszeit: ca. 45 Minuten

Für den Zander in Backpapier

1 gelbe Paprikaschote
1 Tomate
1 rote Zwiebel
1 Karotte
1 Stange Lauch
4 küchenfertige Zanderschnitten ohne Haut (à 180 g)
4 TL Olivenöl
1 unbehandelte Zitrone
4 Lorbeerblätter
½ Bund glatte Petersilie
Salz
frisch gemahlener schwarzer Pfeffer
trockener Wermut (z. B. Noilly Prat)

Zum Anrichten

gebratene Frühkartoffeln
Weißweinsauce

Zander in Backpapier: Die Paprikaschote und die Tomate waschen, halbieren und die Kerne entfernen. Die Zwiebel abziehen. Die Karotte schälen, den Lauch putzen. Das Gemüse in gleichmäßige Juliennestreifen schneiden. Den Zander sorgfältig auf gegebenenfalls noch vorhandene Gräten kontrollieren. 4 große Blätter Backpapier vorbereiten und mit je einem ½ TL Olivenöl beträufeln. Die Zitrone heiß abwaschen und in Scheiben schneiden. Je eine Zanderschnitte, eine Zitronenscheibe, die Gemüsejuliennestreifen und ein Lorbeerblatt auf die Backpapierblätter legen. Die Petersilie waschen, trockenschütteln, die groben Stiele entfernen, den Rest fein hacken und auf die Päckchen verteilen. Mit Salz und Pfeffer würzen. Das restliche Olivenöl und etwas Wermut auf die Päckchen träufeln. Das Backpapier sorgfältig zusammenfalten. Und auf ein Backblech legen. Die Päckchen 15 Minuten im auf 160 °C vorgeheizten Backofen (Ober-/Unterhitze) garen.

Anrichten: Die Päckchen auf die vorgewärmten Teller legen und mit einer Schere aufschneiden. Die Kartoffeln dazu anrichten. Die Sauce in einer Sauciere dazustellen.

TIPP

Der hier verwendete Zander kann durch andere Fische ausgetauscht werden. Dann muss unter Umständen aber die Garzeit angepasst werden.

SÜSS-SAUER EINGELEGTE ROTAUGEN

Für 4 Personen | Zubereitungszeit: ca. 30 Minuten plus 1–2 Stunden sowie 8 Tage Marinierzeit

Für die süß-sauer eingelegte Rotaugen

8 Rotaugen
Salz
frisch gemahlener schwarzer Pfeffer
Saft von 1 Zitrone
etwas Worcestershiresauce
Mehl Type 405
1 Eiweiß
neutrales Pflanzenöl

Für die Marinade

2 Zwiebeln
100 ml Kräuteressig
Salz
Zucker
schwarze Pfefferkörner
1 EL gelbe Senfkörner
4 Lorbeerblätter
6 Wacholderbeeren
2 Scheiben einer gewaschenen Zitrone
Worcestershiresauce

Zum Anrichten

Bratkartoffeln
grüner Salat

Süß-sauer eingelegte Rotaugen: Die Rotaugen schuppen, ausnehmen und gründlich waschen. Sämtliche Flossen und den Kopf abschneiden.

Die geputzten Rotaugen in eine Schüssel geben, mit Salz, Pfeffer, Zitronensaft und Worcestershiresauce würzen und abgedeckt 1–2 Stunden marinieren lassen. Das Mehl in eine flache Schale füllen und das Eiweiß gut verquirlen. Reichlich Öl in einer Pfanne erhitzen. Die Rotaugen gut abtropfen lassen und erst durch das Mehl und anschließend durch das Eiweiß ziehen. Dann im heißen Fett ausbacken. Die gebackenen Rotaugen auf Küchenpapier abtropfen lassen und in einen verschließbaren Behälter schichten.

Marinade: Die Zwiebeln abziehen und in sehr feine Ringe schneiden oder hobeln. Die Zwiebelringe mit den restlichen Zutaten in einen Topf geben, mit 300 ml Wasser aufgießen und aufkochen.

Fertigstellung: Die Marinade sofort über die frisch ausgebackenen Rotaugen gießen, sodass diese komplett bedeckt sind. Den Behälter verschließen und 8 Tage kühl lagern. Vor dem Servieren die Rotaugen etwas abtropfen lassen.

Anrichten: Je 2 Rotaugen auf die Teller verteilen und mit den Beilagen servieren.

TIPP

Rotaugen, auch Plötze, unechte Rotfeder oder Schwal genannt, haben sehr feine Gräten, die nach einer Woche Marinierzeit einfach mitgegessen werden können.

266

TRILOGIE VON DER ORANGE

Für 4 Personen | Zubereitungszeit: ca. 90 Minuten plus einige Stunden Kühlzeit

Für die Biskuitroulade
120 g Weizenmehl Type 550 oder 405
80 g Stärkemehl
1 Msp. Backpulver (optional)
5 Eier
1 Prise Salz
140 g Zucker plus etwas mehr für den Boden
1 TL Vanilleextrakt
Abrieb von 1 unbehandelten Zitrone
Orangenmarmelade zum Bestreichen

Für die Orangenspitze
200 g dunkle Kuvertüre (mind. 60 % Kakaogehalt)
2 Blatt Gelatine
150 ml Blutorangensaft
250 ml flüssige Sahne
2 Eigelb
140 g Zucker

Für das Orangen-Kompott
Filets von 2 Orangen
5 Kumquats in Scheiben
100 ml Orangensaft
1 EL Zucker
1 TL Speisestärke

Für die karamellisierte weiße Schokoladenmousse
400 ml flüssige Schlagsahne
200 g weiße Kuvertüre
3 Blatt Gelatine
3 Eigelb
1 EL Zucker
1 EL Orangenpaste

Zum Anrichten
gehackte Pistazien

Biskuitroulade: Das Weizenmehl, das Stärkemehl und gegebenenfalls das Backpulver vermischen und in eine Schüssel sieben. Die Eier sauber trennen und das Eiweiß mit dem Salz zu sehr steifem Eischnee schlagen. Anschließend unter Rühren den Zucker einrieseln lassen und weiterrühren, bis der Eischnee erneut schnittfest ist. Dann das Eigelb verquirlen und zusammen mit dem Vanilleextrakt und dem Zitronenabrieb kurz unterrühren. Die Mehlmischung mit einem Teigschaber unterheben. Ein Backblech mit Backpapier bedecken. Den Teig darauf verteilen, glatt streichen und sofort auf der untersten Schiene im auf 200 °C vorgeheizten Backofen (Ober-/Unterhitze) 10–12 Minuten backen.

Den Biskuitboden auf ein leicht gezuckertes Leinentuch stürzen und so drehen, dass die lange Seite unten liegt. Die Unterseite des Backpapiers feucht abwischen und vorsichtig vom Biskuitboden lösen. Die Orangenmarmelade sofort gleichmäßig auf dem heißen Biskuitboden verteilen. Die Teigplatte mithilfe des Leinentuchs rasch von unten nach oben aufrollen und mit der Nahtstelle nach unten auf eine Kuchenplatte legen. Vor dem Servieren komplett auskühlen lassen. Für jede Portion eine Scheibe der Biskuitroulade abschneiden.

Orangenspitze: Die Kuvertüre schmelzen. Aus Backpapier Kegel formen, diese mit der flüssigen Schokolade auspinseln und zum Trocknen in hohe Gläser stellen. Die Gelatine 5 Minuten in kaltem Wasser einweichen. Den Blutorangensaft erhitzen, die ausgedrückte Gelatine darin auflösen und das Ganze abkühlen lassen. Die Sahne steif schlagen. Das Eigelb mit dem Zucker schaumig aufschlagen und dann die Blutorangenmasse unterrühren. Anschließend die Sahne unterheben. Die Crème in die Schokoladenkegel einfüllen und einfrieren.

Orangen-Kompott: Die Orangen filetieren und dabei den Saft auffangen. Die Kumquat in Scheiben schneiden. Den Orangensaft erhitzen und den Zucker unterrühren. Mit dem aufgefangenen Saft die Speisestärke glatt rühren und unter den Orangensaft mischen. Die Sauce einige Minuten köcheln lassen und dann die Orangenfilets und die Kumquatscheiben unterheben. Das Kompott abkühlen und durchziehen lassen.

Karamellisierte weiße Schokoladenmousse: Die Sahne steif schlagen und kühl stellen. Die Kuvertüre schmelzen und dabei leicht karamellisieren lassen. Die Gelatine 5 Minuten in kaltem Wasser einweichen. Die Eigelb mit dem Zucker und der Orangenpaste über einem Wasserbad schaumig schlagen (»zur Rose abziehen«) und dann die ausgedrückte Gelatine darin auflösen. Anschließend die etwas abgekühlte Kuvertüre untermischen. Zum Schluss die Sahne unterheben. Die Mousse im Kühlschrank fest werden lassen.

Anrichten: Die Biskuitroulade mittig auf die Teller legen und ein Nocke Schokoladenmousse daneben platzieren. Seitlich davon das Orangenkompott und die Orangenspitze anrichten. Mit gehackten Pistazien garnieren.

CHRISTSTOLLEN-PUDDING

Für 4 Personen | Zubereitungszeit: ca. 30 Minuten plus 60 Minuten Garzeit

Für den Christstollen-Pudding
120 g Christstollen
2 EL grob gehackte Walnüsse
1 EL Zitronat
1 EL Orangeat
2 Eier
1 TL Vanillezucker
30 g Zucker
125 ml Vollmilch
40 ml Bitterorangenlikör (z. B. Grand Marnier)
etwas Fett für die Form
Paniermehl für die Form

Zum Anrichten
Zabaione

Christstollen-Pudding: Den Stollen in kleine Würfel schneiden und mit den Nüssen, dem Zitronat und dem Orangeat in eine Schüssel geben. Die Eier trennen und die Eigelb zusammen mit dem Vanillezucker und dem Zucker schaumig schlagen. Dann die Milch und den Likör unterrühren, das Ganze über die Stollenmischung geben und etwa 15 Minuten einweichen lassen. Das Eiweiß steif schlagen. Die eigeweichte Stollenmasse nochmals durchrühren und dann das Eiweiß unterziehen. Eine große Puddingform oder kleine Auflaufschälchen einfetten und sorgfältig mit Paniermehl bestreuen. Die Puddingmasse einfüllen und die Form bzw. Förmchen in einem Wasserbad im auf 140–150 °C vorgeheizten Backofen (Ober-/Unterhitze) 60 Minuten garen. Den Christstollen-Pudding warm aus der Form stürzen und gegebenenfalls vor dem Servieren in Stücke schneiden.

Anrichten: Den Christstollen-Pudding zusammen mit der Zabaione servieren.

HUMMELKUCHEN

Für 4 Personen | Zubereitungszeit: ca. 30 Minuten plus ca. 30 Minuten Backzeit

Für den Hummelkuchen
350 g Butter plus etwas mehr für das Blech
330 g Mehl Type 405
1 Päckchen Backpulver
6 Eier
450 g Zucker
9 EL flüssige Sahne
250 g Mandelblättchen

Zum Anrichten
etwas geschlagenen Sahne

Hummelkuchen: 150 g Butter über einem Wasserbad zerlassen und etwas abkühlen lassen. 300 g Mehl und das Backpulver vermischen und in eine Schüssel sieben. Die Eier in der Rührschüssel der Küchenmaschine schaumig rühren. Dann unter Rühren 250 g Zucker einrieseln lassen. Nacheinander die zerlassene Butter, die Mehlmischung und 6 EL Sahne unterrühren. Den Teig auf ein gefettetes Backblech (ca. 30 × 40 cm) streichen und im auf 200–220 °C vorgeheizten Backofen (Ober-/Unterhitze) 15 Minuten backen.

Für den Belag die restliche Butter (200 g) mit dem restlichen Zucker (200 g), der restlichen Sahne (3 EL), dem restlichen Mehl (30 g) und den Mandelblättchen verrühren und kurz aufkochen lassen. Die Masse auf den vorgebackenen Teigboden streichen und weitere 10–15 Minuten backen. Den Hummelkuchen vor dem Servieren auskühlen lassen und in rechteckige Stücke schneiden.

Anrichten: Die Kuchenstücke auf die Teller verteilen und mit einem Klecks Sahne servieren.

APFELLASAGNE

Für 1 Portion

Für die Quarkfüllung

250 g Quark (20 Prozent Fettgehalt)
3 EL flüssige Sahne
Puderzucker nach Belieben
30 g geröstete Mandelblättchen
10 g gehackte Pistazienkerne
20 g gehackte Haselnusskerne

Für die Apfelfüllung

1 Apfel
1 EL Zimt-Honig
etwa 10 g feine Speisestärke oder Vanillepuddingpulver

Für die Apfelrosette

1 Apfel
20 g Butterschmalz

Für den Crêpe-Teig

2 Eier
1 Prise Salz
100 ml Vollmilch
2 EL Weizenmehl Type 405
neutrales Pflanzenöl zum Braten

Quarkfüllung: Den Quark mit der Sahne und dem Puderzucker glatt rühren. Die Mandeln, Pistazien und Haselnüsse unterheben.

Apfelfüllung: Den Apfel schälen, vom Kernhaus befreien und in Würfel von 0,5 cm Kantenlänge schneiden. Die Apfelwürfel in einem kleinen Topf kurz andünsten, mit dem Zimt-Honig aromatisieren und mit der in kaltem Wasser angerührten Speisestärke abbinden. Erkalten lassen.

Apfelrosette: Den Apfel schälen, vom Kernhaus befreien und in feine Spalten schneiden. Die Apfelspalten in dem Butterschmalz leicht anbraten, bis sie gar sind.

Crêpe-Teig: Alle Zutaten zu einem glatten Crêpeteig anrühren und diesen 10 Minuten quellen lassen. Aus dem Teig in heißem Pflanzenöl 5 kleine Crêpes backen.

Anrichten: Den ersten Crêpe auf einen Teller legen. Darauf etwas Quarkcreme geben. Die Quarkcreme mit gedünsteten Apfelwürfeln bedecken und einen weiteren Crêpe darauflegen. So verfahren, bis alle Zutaten aufgebraucht sind, dabei mit einem Crêpe abschließen. Die Apfelspalten als Rosette auf die Oberfläche legen.

MOHNMOUSSE

Für 4 Personen | Zubereitungszeit: ca. 30 Minuten plus mehrere Stunden Kühlzeit

Für die Mohnmousse

50 g gemahlener Mohn
100 ml trockener Rotwein
200 g weiße Kuvertüre
2 ½ Blatt Gelatine
1 Ei
1 Eigelb
1 EL Zucker
500 ml flüssige Sahne

Zum Anrichten

Früchte der Saison

Mohnmousse: Den Mohn im Rotwein so lange köcheln, bis die Flüssigkeit vollständig verkocht ist. Die Kuvertüre über einem Wasserbad schmelzen. Die Gelatine 5 Minuten in kaltem Wasser einweichen. Das Ei und das Eigelb zusammen mit dem Zucker in einer Rührschüssel über einem Wasserbad schaumig schlagen. Dann erst die ausgedrückte Gelatine, danach die Mohnmasse und die Kuvertüre unterrühren. Die Creme etwas abkühlen lassen. Die Sahne steif schlagen und bevor die Creme fest wird unter diese ziehen. Anschließend die Mohnmousse in dekorative Dessertgläser abfüllen und kaltstellen.

Anrichten: Die Dessertgläser mit den Früchten garniert servieren.

TIPP

Für die Variante »Zimtmousse« wird das Mohn-Rotwein-Gemisch durch Zimtpulver und Orangenaroma ersetzt.

WEISSE KAFFEECREME

Für 4 Personen | Zubereitungszeit: ca. 30 Minuten plus mehrere Stunden Kühlzeit

Für die weiße Kaffeecreme

90 g Kaffeebohnen
500 ml flüssige Sahne
350 g weiße Kuvertüre
2 Blatt Gelatine
4 Eigelb
1 Ei
55 g Zucker

Zum Anrichten

Früchte der Saison
Mokkabohnen

Weiße Kaffeecreme: Die Kaffeebohnen in einer verschließbaren Schüssel in die Sahne geben und verschlossen über Nacht durchziehen lassen. Die Kuvertüre über einem Wasserbad schmelzen. Die Gelatine 5 Minuten in kaltem Wasser einweichen. Das Eigelb und das Ei zusammen mit dem Zucker in einer Rührschüssel über einem Wasserbad aufschlagen. Dann erst die ausgedrückte Gelatine, danach die abgekühlte Kuvertüre unterrühren. Die Creme anschließend kühlstellen. Die Kaffee-Sahne durch ein Sieb gießen, die aromatisierte Sahne steif schlagen und, bevor die Creme fest wird, unter diese ziehen. Diese Kaffeecreme kaltstellen.

Anrichten: 2 Nocken der Kaffeecreme mit den Früchten und Mokkabohnen garniert servieren.

TIPP

Die Kaffeebohnen können wiederverwendet werden. Dazu die Bohnen abspülen, trocknen und kaltstellen oder einfrieren.

HOLUNDERBLÜTEN-PANNA-COTTA

Für 4 Personen | Zubereitungszeit: ca. 30 Minuten plus mehrere Stunden Kühlzeit

Für die Holunderblüten-Panna-cotta
500 ml flüssige Sahne
50 g Zucker
4 Dolden frische Holunderblüten
5 Blatt weiße Gelatine

Zum Anrichten
Rhabarberkompott
frische Erdbeeren

Holunderblüten-Panna-cotta: Die Sahne mit dem Zucker zum Kochen bringen. Die Blütendolden ohne Stiele 10–15 Minuten darin ziehen lassen. Die Gelatine 5 Minuten in kaltem Wasser einweichen. Die Sahne durch ein Sieb gießen. Die Gelatine ausdrücken und in der heißen Sahne auflösen. Die Panna cotta in Förmchen füllen und erkalten lassen. Anschließend im Kühlschrank fest werden lassen.

Anrichten: Die Panna cotta mit dem Rhabarberkompott und einigen Erdbeerscheiben anrichten und servieren.

HEIDELBEERCREME MIT MASCARPONE

Für 4 Personen | Zubereitungszeit: ca. 30 Minuten plus mehrere Stunden Kühlzeit

Für die Heidelbeercreme

200 g Heidelbeeren
40 g Zucker
1 Spritzer Zitronensaft
1 EL Cassislikör
200 g Mascarpone
300 g Quark (Magerstufe)
Mark einer Vanilleschote
Puderzucker nach Belieben
10 g Schokoladenplättchen

Zum Anrichten

8 EL Heidelbeergelee oder Heidelbeermus
10 g geröstete Mandelblättchen
geschlagene Sahne
Minzblätter

Heidelbeercreme: Die Heidelbeeren bis auf 2 EL zum Dekorieren mit dem Zucker, 50 ml Wasser und dem Zitronensaft aufkochen. Die Beeren 2 Minuten köcheln lassen und dabei etwas zerdrücken. Anschließend mit dem Cassislikör abschmecken. Den Mascarpone mit dem Quark und dem Vanillemark glatt rühren und nach Geschmack mit Puderzucker süßen. Anschließend die Schokoladenblättchen unterheben und die Creme auf Dessertgläser verteilen. Das Heidelbeermus darübergeben und bis zur Verwendung kühl stellen.

Anrichten: Das Dessert mit den beiseitegestellten Beeren, den Mandelblättchen, einem Klecks Sahne und einem Minzblatt dekoriert servieren.

TIPP

Alternativ zu den Heidelbeeren können auch Waldhimbeeren oder Brombeeren verwendet werden.

282

GEFÜLLTE TOMATEN

Für 4 Personen | Zubereitungszeit: ca. 45 Minuten

Für die gefüllten Tomaten
4 große Tomaten
1 kleine Zwiebel
2 Knoblauchzehen
1 Bund glatte Petersilie
2 EL schwarze Oliven, ohne Stein
2 EL Olivenöl plus etwas mehr für die Form
1 EL Kapern
4 EL Paniermehl
40 g geriebener Parmesan
Salz
frisch gemahlener schwarzer Pfeffer

Gefüllten Tomaten: Die Tomaten waschen, am Stielansatz eine Scheibe abschneiden und den Stielansatz ausstechen. Mit einem Teelöffel die Kerne und das innere Fruchtfleisch herausholen, dabei die Kerne entfernen. Das Fruchtfleisch und den restlichen Deckel in fein Würfel schneiden. Die Zwiebel und den Knoblauch abziehen und in feine Würfel schneiden. Die Petersilie waschen, trockenschütteln, die groben Stiele entfernen und den Rest zusammen mit den Oliven fein hacken. Das Öl in einer Pfanne erhitzen und die Zwiebeln und den Knoblauch glasig dünsten. Die Tomatenwürfel zugeben und etwas köcheln lassen. Dann die Petersilie, die Oliven, die Kapern, das Paniermehl und die Hälfte des Parmesans unterrühren. Mit Salz und Pfeffer würzen. Die Füllung dann in die ausgehöhlten Tomaten füllen. Eine ofenfeste Form mit Olivenöl auspinseln und die Tomaten aufrechtstehend hineinsetzen. Einige Tropfen Olivenöl über die Tomaten träufeln und im auf 200 °C vorgeheizten Backofen (Ober-/Unterhitze) 20 Minuten backen. Dann den restlichen Parmesan über die Tomaten verteilen und weiter 10 Minuten garen

KNÖDEL AUS SCHWARZBROT

Für 6 Personen | Zubereitungszeit: ca. 30 Minuten plus 30 Minuten Ruhezeit

Für die Knödel aus Schwarzbrot
2 Zwiebeln
2 EL neutrales Pflanzenöl
100 g Walnusskerne
2 Bund glatte Petersilie
1 kg dunkles Brot (z. B. Schwarzbrot)
5 Eier
1 EL flüssiger Honig
600 ml Vollmilch
Salz
frisch gemahlener schwarzer Pfeffer
frisch geriebene Muskatnuss

Zum Anrichten
Schnittlauchröllchen

Knödel aus Schwarzbrot: Die Zwiebeln abziehen und fein hacken. Das Öl in einer Pfanne erhitzen und die Zwiebeln glasig dünsten. Die Walnusskerne hacken und in einer beschichteten Pfanne ohne Fettzugabe leicht rösten. Die Petersilie waschen, trockenschütteln, die groben Stiele entfernen und den Rest fein hacken. Das Brot in etwa 1 cm große Würfel schneiden und zusammen mit den Zwiebeln, den Walnusskernen, der Petersilie, den Eiern und dem Honig in eine große Schüssel geben. Die Milch erwärmen und über die Brotwürfel gießen. Mit Salz, Pfeffer und Muskatnuss würzen und mit einem großen Kochlöffel alles gut vermischen. Die Brotwürfel abgedeckt dann 30 Minuten beiseitestellen. Anschließend mit angefeuchteten Händen mittelgroße Knödel aus dem Brotteig formen. In einem großen Topf Salzwasser zum Kochen bringen, die Knödel darin etwa 15 Minuten gar ziehen lassen, dann mit einem Schaumlöffel herausheben und abtropfen lassen.

Anrichten: Die Knödel als Beilage auf die Teller verteilen und mit den Schnittlauchröllchen bestreuen.

GETRÜFFELTER KARTOFFELSALAT

Für 4 Personen | Zubereitungszeit: ca. 30 Minuten plus Auskühlzeit und Marinierzeit

Für den getrüffelten Kartoffelsalat

1 kg festkochende Kartoffeln
2 mittelgroße Zwiebeln
2 EL neutrales Pflanzenöl
300 ml Gemüsebrühe
100 ml weißen Balsamico-Essig
3 EL mittelscharfer Senf
Salz
frisch gemahlener schwarzer Pfeffer
1 Bund Frühlingszwiebeln
1 Bund glatte Petersilie
1 unbehandelte Zitrone oder Limette
100 ml Trüffelöl
15 Kirschtomaten

Getrüffelter Kartoffelsalat: Die Kartoffeln in Salzwasser weichkochen. Dann abgießen, kurz abkühlen lassen, schälen und gut auskühlen lassen. Die Zwiebeln abziehen und in feine Würfel schneiden. Das Öl in einer Pfanne erhitzen und die Zwiebeln anschwitzen. Mit der Gemüsebrühe und dem Essig ablöschen. Den Senf unterrühren und alles zusammen einmal aufkochen. Das Dressing mit Salz und Pfeffer abschmecken. Die Kartoffeln in Scheiben schneiden und mit dem Dressing marinieren. Den Kartoffelsalat einige Zeit zum Durchziehen beiseitestellen. Vor dem Servieren die Frühlingszwiebeln und die Petersilie waschen und trockenschütteln. Die Frühlingszwiebeln putzen und in fein Röllchen schneiden. Die groben Stiele der Petersilie entfernen und den Rest fein hacken. Die Zitrone heiß abwaschen und die Schale fein abreiben. Die Frühlingszwiebeln, die Petersilie, etwas Zitronenabrieb, das Trüffelöl und die Tomaten unter den Kartoffelsalat mischen.

WILDKRÄUTERSALAT

Für 4 Personen | Zubereitungszeit: ca. 30 Minuten

Für den Wildkräutersalat

Blattsalate z. B. Radicchio, Rucola
Fenchelgrün
Kräuter z. B. glatte Petersilie, Schnittlauch, Brennnessel, Brunnenkresse, Borretsch, Sauerampfer
essbare unbehandelte Blüten z. B. Gänseblümchen, Vergissmeinnicht, Löwenzahn
½ unbehandelte Zitrone
2 EL Olivenöl
1 EL gewürfelte Zwiebel
1 TL Tomatenmark
einige Spritzer Tabasco
Salz
frisch gemahlener schwarzer Pfeffer

Wildkräutersalat: Die Blattsalate und das Fenchelgrün sorgfältig waschen, trocknen und etwas zerkleinern. Die Kräuter sorgfältig putzen, waschen, trockenschütteln und gegebenenfalls hacken oder schneiden. Die Blüten verlesen und säubern. Die Zitrone heiß abwaschen und die Schale fein abreiben. Die Zitrone dann auspressen. Den Zitronenabrieb und den -saft, das Öl, die Zwiebeln, das Tomatenmark und das Tabasco gut verrühren. Das Dressing mit Salz und Pfeffer abschmecken. Die vorbereiteten Salatzutaten locker miteinander vermischen und mit dem Dressing marinieren.

ROTWEIN-APFEL-KOMPOTT

Für 4 Personen | Zubereitungszeit: ca. 30 Minuten

Für das Rotwein-Apfel-Kompott
250 ml trockener Rotwein
50 ml Portwein (alternativ Sherry)
1 Zimtstange (10 cm)
12 schwarze Pfefferkörner
1 Sternanis
3 leicht säuerliche Äpfel (z. B. Cox Orange, Braeburn)
100–125 g brauner Rohrzucker

Rotwein-Apfel-Kompott: Den Rotwein und den Portwein mit der Zimtstange, den Pfefferkörnern und dem Sternanis um ¾ einkochen lassen. Durch ein Sieb in einen Topf passieren und die Gewürze entfernen. Die Äpfel schälen, vierteln, entkernen und in Stücke schneiden. Die Apfelstücke in den Sud geben, den braunen Rohrzucker beifügen und vermischen. Bei mittlerer Hitze unter häufigem Rühren zugedeckt kochen, bis die Äpfel weich sind.

SÜSS-SCHARFES ZWIEBELKOMPOTT

Für 4 Personen | Zubereitungszeit: ca. 30 Minuten

Für das süß-scharfe Zwiebelkompott
20 g Rosinen
250 g rote Zwiebeln
1 säuerlicher Apfel (z. B. Gala)
150 ml trockener Rotwein
50 ml Balsamico-Essig
2 EL Rohrzucker
1 EL flüssiger Honig

Süß-scharfes Zwiebelkompott: Die Rosinen hacken, 10 Minuten in lauwarmem Wasser einweichen und anschließend gut abtropfen lassen.

Die Zwiebeln abziehen, den Apfel schälen und das Kerngehäuse entfernen. Beide in feine Scheiben schneiden und in eine Pfanne geben. Den Rotwein, den Essig und den Rohrzucker untermischen und alles zusammen erhitzen. Das Zwiebelkompott unter gelegentlichem Rühren so lange leicht schmoren lassen, bis nahezu die ganze Flüssigkeit verkocht ist. Dann den Honig untermischen und unter gelegentlichem Rühren weitere 5–20 Minuten köcheln lassen.

TIPP

Das Kompott passt besonders gut zu Gerichten mit Wildente oder Wildschwein. Es kann auch heiß in Schraubgläser eingefüllt werden und ist dann längere Zeit haltbar. Das Kompott schmeckt auch kalt hervorragend.

SELLERIE-KARTOFFEL-PÜREE

Für 4 Personen | Zubereitungszeit: ca. 45 Minuten

Für das Sellerie-Kartoffel-Püree
600 g mehligkochende Kartoffeln
600 g Knollensellerie
Salz
2 Zweige Thymian
50 g Haselnusskerne
100 ml Vollmilch
150 ml flüssige Sahne
½ TL Lebkuchengewürz
6 EL Butter
frisch gemahlener schwarzer Pfeffer
frisch geriebene Muskatnuss

Zum Anrichten
braune Butter

Sellerie-Kartoffel-Püree: Die Kartoffeln und den Sellerie schälen, in grobe Würfel schneiden und in kochendem Salzwasser 15–20 Minuten weichkochen. Den Thymian waschen, trockenschütteln und die Blätter abzupfen. Die Haselnusskerne fein hacken. Die Milch, die Sahne, das Lebkuchengewürz und 2 EL Butter erhitzen. Die weiche Kartoffel-Sellerie-Mischung abgießen, kurz ausdampfen lassen und dann stampfen. Portionsweise die Mich-Sahne-Mischung unterrühren. Das Püree mit Salz, Pfeffer und Muskatnuss abschmecken. Die restliche Butter (4EL) in einer Pfanne erhitzen und die Thymianblätter und die Haselnusskerne anrösten. Vor dem Servieren die Thymian-Haselnuss-Butter unter das Püree ziehen.

Anrichten: Das Sellerie-Kartoffel-Püree als Beilage auf die Teller verteilen und mit etwas brauner Butter beträufeln.

ROTWEINBEIZE

Zubereitungszeit: ca. 30 Minuten plus Auskühlzeit
Für 1–1,5 kg Fleisch (Schalenwild, Hase, Wildgeflügel)

Für die Rotweinbeize
1 große Zwiebel
1 große Knoblauchzehe
1 große Karotte
1 Stange Staudensellerie
2 EL Rotweinessig
2 Gewürznelken
2 EL Olivenöl
1 Gewürzsträußchen (z. B. Thymian, Salbei, glatte Petersilie, Estragon)
2 Streifen unbehandelte Zitronenschale
5 Wacholderbeeren
8 Pfefferkörner
200 ml trockener Rotwein

Rotweinbeize: Die Zwiebel und den Knoblauch abziehen, die Karotte schälen, den Sellerie putzen und alles klein schneiden. Den Knoblauch nur einschneiden (nur komplett durchtrennen, wenn eine kräftige Knoblauchnote erwünscht ist).

Das Gemüse und den Knoblauch mit allen restlichen Zutaten in einem Topf zum Kochen bringen und etwa 2 Minuten kochen. Die Beize dann kalt werden lassen. Das sauber parierte Fleisch in ein verschließbares Gefäß geben und mit der kalten Beize übergießen. Verschlossen im Kühlschrank 24–48 Stunden durchziehen lassen.

BUTTERMILCHBEIZE

Zubereitungszeit: ca. 30 Minuten
Für 1–1,5 kg Fleisch (Hase, Wildschwein)

Für die Buttermilchbeize
1 Zwiebel
1 Karotte
500 ml Buttermilch
250 ml trockener Weißwein
5 Wacholderbeeren
1 Lorbeerblatt
1 TL Selleriesalz
2 EL frische gehackte Kräuter (Majoran, Petersilie, Borretsch)

Buttermilchbeize: Die Zwiebel abziehen und in Scheiben schneiden. Die Karotte schälen und in Streifen schneiden. Beides in eine Schüssel geben und mit der Buttermilch und dem Weißwein übergießen. Die Gewürze untermischen. Die Buttermilch mit dem Weißwein und den übrigen Zutaten verrühren. Das sauber parierte Fleisch in ein verschließbares Gefäß geben und mit der Beize übergießen. Verschlossen im Kühlschrank 24 Stunden durchziehen lassen.

PILZSAUCE FÜR REHWILD

Zubereitungszeit: ca. 30 Minuten

Für die Pilzsauce

250 g gemischte Waldpilze (z. B. Steinpilze, Pfifferlinge, Braunkappen etc.)
2 Schalotten
1 Knoblauchzehe
1 Zweig Thymian
1 Zweig Rosmarin
2 EL neutrales Pflanzenöl
100 ml trockener Weißwein
100 ml dunkler Wildfond
200 ml flüssige Sahne
Maisstärkemehl nach Bedarf
Salz
frisch gemahlener schwarzer Pfeffer

Pilzsauce: Die Pilze putzen, kurz abwaschen und abtrocknen. Die Schalotten und den Knoblauch abziehen und in feine Würfel schneiden. Die Kräuter waschen, trockenschütteln, die Blätter bzw. Nadeln abzupfen und fein hacken. Das Öl in einer Pfanne erhitzen und die Pilze, die Schalotten und den Knoblauch anbraten. Mit dem Weißwein ablöschen und diesen einkochen lassen. Dann mit dem Fond und der Sahne aufgießen und die Kräuter untermischen. Die Sauce einmal aufkochen und durch ein Sieb in einen Topf gießen. Die Pilze aus dem Sieb aufbewahren, den Rest verwerfen. Dann die Sauce um etwa ein Drittel reduzieren. Nach Wunsch mit in etwas kaltem Wasser glatt gerührtem Maisstärkemehl binden und mit Salz und Pfeffer abschmecken. Die Sauce mit einem Stabmixer gut durchmixen, die Pilze wieder zugeben und kurz erhitzen.

ROTWEIN-SCHALOTTEN-SAUCE FÜR ROTWILD, SCHWARZWILD, HASE

Zubereitungszeit: ca. 60 Minuten

Für die Rotwein-Schalotten-Sauce

20 Schalotten
500 ml trockener Rotwein
1 kleiner Zweig Thymian
1 kleiner Zweig Rosmarin
1 Lorbeerblatt
1 EL Zucker
Salz

Rotwein-Schalotten-Sauce: Die Schalotten abziehen und zusammen mit den restlichen Zutaten in einen Topf geben. Alles einkochen, bis eine Bindung entsteht. Dann durch ein feines Sieb in einen Topf passieren. Die Sauce erneut erhitzen und abschmecken.

SAFRANSAUCE

Zubereitungszeit: ca. 60 Minuten
Für Fasan, Taube, Rebhuhn, Wachtel sowie Fisch

Für die Safransauce
3 Schalotten
100 ml trockener Weißwein
1 Lorbeerblatt
200 ml heller Fond (z. B. Wild, Fisch, Kalb)
200 ml flüssige Sahne
1 Schuss trockener Wermut (z. B. Noilly Prat)
1 Msp. Safranpulver
Salz
Maisstärkemehl nach Bedarf

Safransauce: Die Schalotten abziehen und in feine Würfel schneiden. Zusammen mit dem Weißwein und dem Lorbeerblatt in einem Topf aufkochen und die Flüssigkeit um die Hälfte reduzieren. Dann den Fond und die Sahne zugeben und wieder um die Hälfte reduzieren. Den Wermut und den Safran unterrühren. Mit Salz abschmecken, nach Bedarf mit in etwas kaltem Wasser glatt gerührtem Maisstärkemehl binden und nochmals aufkochen.

FEURIGE TOMATEN-CHILI-SALSA

Zubereitungszeit: ca. 45 Minuten plus Abkühlzeit
Passt zu gegrilltem Fleisch

Für die Tomaten-Chili-Salsa
2 kleine, rote, getrocknete Chilischoten
½ TL Senfkörner
1 Zwiebel
2 Knoblauchzehen
2 Cornichons
2 EL Olivenöl
3 EL brauner Zucker
2 EL mittelscharfer Senf
400 g pürierte Tomaten (Konserve)
Salz
frisch gemahlener schwarzer Pfeffer

Tomaten-Chili-Salsa: Die Chilischoten und die Senfkörner im Mörser zerstoßen. Die Zwiebel und den Knoblauch abziehen und zusammen mit den Cornichons fein hacken. Das Olivenöl in einer Pfanne erhitzen und Zwiebeln, Knoblauch und Cornichons anschwitzen. Den Zucker untermischen und auflösen. Dann die gemörserten Gewürze, den Senf und die Tomaten untermischen und etwas köcheln lassen. Mit Salz und Pfeffer abschmecken und abkühlen lassen.

EXOTISCHE BANANEN-CURRY-SAUCE

Zubereitungszeit: ca. 15 Minuten
Passt zu gegrilltem Fleisch

Für die Bananen-Curry-Sauce

1 Banane
100 g Joghurt (3,5 % Fettgehalt)
1 TL mittelscharfer Senf
1 TL Tomatenmark
1 TL Currypulver
1 kleines Stück frischer Ingwer
1 Msp. Korianderpulver
etwas Zitronensaft
1 Msp. Sambal Oelek
Salz
frisch gemahlener schwarzer Pfeffer

Bananen-Curry-Sauce: Die Banane schälen und fein pürieren. Mit dem Joghurt, dem Senf, dem Tomatenmark und dem Currypulver verrühren. Die Schale des Ingwers abschaben und den Rest fein reiben. Zusammen mit dem Korianderpulver unterrühren. Zum Schluss mit Zitronensaft, Sambal Oelek, Salz und Pfeffer abschmecken.

ENGLISCHE MINZSAUCE

Zubereitungszeit: ca. 30 Minuten plus Auskühlzeit
Passt zu Wildlamm

Für die Englische Minzsauce

100 g frische Minze
90 g brauner Zucker
130 ml trockener Weißweinessig
2 TL Zitronensaft
Salz

Minzsauce: Die Minzblätter abbrausen, trocknen und in grobe Streifen schneiden. Mit der Hälfte des Zuckers die Minzblätter im Mörser kräftig zerreiben. Den restlichen Zucker, den Essig, 90 ml Wasser und den Zitronensaft mischen, aufkochen und klären. Die Minzpaste zufügen, mit Salz abschmecken und abkühlen lassen. Die Sauce vor dem Servieren durch ein Sieb passieren.

WILDFOND

Zubereitungszeit: ca. 2 ½ Stunden

Für den Wildfond
2 kg frische Wildknochen (Schalenwild)
500 g Zwiebeln
150 g Karotten
150 g Knollensellerie
3 EL Rapsöl
4 EL Tomatenmark
1 l trockener Rotwein
Salz
frisch gemahlener schwarzer Pfeffer
6 Lorbeerblätter
6 Nelken
6 Wacholderbeeren
2 Thymianzweige
1 Rosmarinzweig

Wildfond: Die Knochen klein hacken. Die Zwiebeln abziehen, die Karotten und den Sellerie schälen. Das Wurzelgemüse in walnussgroße Stücke schneiden. Das Öl in einem großen Topf erhitzen und die Knochen braun anbraten. Das Gemüse zugeben und ebenfalls gut anbraten. Dann das Fett abgießen. Das Tomatenmark zugeben und anrösten. Mit der Hälfte des Rotweins ablöschen und diesen komplett einkochen lassen. Diesen Vorgang mit dem restlichen Rotwein (½ l) wiederholen. Dann mit Salz und Pfeffer würzen und das Ganze mit so viel Wasser auffüllen, dass die Knochen komplett von Flüssigkeit bedeckt sind. Den Fondansatz langsam aufkochen und währenddessen das aufsteigende Fett und Eiweiß mit einem Schaumlöffel abschöpfen. Sobald alles abgeschöpft ist, die Gewürze und die gewaschenen Kräuter zugeben. Den Fondansatz 1½ Stunden köcheln lassen. Anschließend durch ein Tuch in einen Topf passieren und noch einmal gut aufkochen. Der Fond kann sofort verwendet werden. Er kann auch zur späteren Verwendung heiß in Schraubgläser abgefüllt oder abgekühlt und eingefroren werden.

WILDMEISTER WILLIS WILDGEWÜRZMISCHUNG

Zubereitungszeit: ca. 15 Minuten

Für ca. 200 g Gewürzmischung
30 g Wacholderbeeren
60 g Pimentkörner
30 g schwarze Pfefferkörner
75 g Koriandersamen
15 g Kümmelsamen

Die Gewürzmischung in einer beschichteten Pfanne ohne Fettzugabe unter Wenden kurz erwärmen, bis die Gewürze anfangen zu duften. Anschließend abkühlen lassen, danach in einem Mörser grob zerkleinern. In einem gut verschließbaren Glas kühl, trocken und dunkel aufbewahren und alsbald verwenden.

	Riesling	Chardonnay	Rose	Fruchtiger Rotwein	Würziger Rotwein	Schwerer Rotwein	Bier	kein Getränk
ROTWILD | DAMWILD | MUFFELWILD								
Hirschrücken im Baumkuchenmantel				✔				
Involtini vom Hirsch					✔			
Wildconsommé mit Steinpilzklösschen und altem Sherry								✔
Damwildspieß auf Bulgur					✔			
Filet vom Damwild an Pilzrisotto				✔				
Medaillons vom Muffel					✔			
Rouladen vom Wildkalb mit Kohlrabi-Stiften und einer Preiselbeersauce				✔				
Senfrostbraten vom Hirsch mit Kräuterkartoffeln						✔		
Steaks vom Hirschkalb in einer Cognac-Pfeffer-Sauce mit Wirsing-Timbale						✔		
Marinierter Tafelspitz vom Hirsch		✔						
Kesselgulasch vom Wild					✔			
»Vitello Tonnato« vom Wild	✔							
Wildlamm im Wok					✔			
Grillspieß »Hawaii«				✔				
Lasagne von Hirsch und Wildschwein mit Scheiben von Serviettenknödeln						✔		
REHWILD								
Rehmedaillons auf Spinatwaffeln mit frischen Pfifferlingen und Chili-Zimt-Jus					✔			
Hubertusfrühstück mit gebratener Rehleber und geräuchertem Wildschinken					✔			
Rehrückenfilet auf Blattspinat mit Garnele					✔			
Rehrückenfilet sous vide gegart und mit Honig glasiert					✔			
Geschnetzeltes vom Reh mit Kirsch-Pfeffer-Sauce						✔		
Gefüllte Rehtasche mit Maronenfüllung					✔			
Carpaccio von der Rehnuss				✔				
Rehkeule in Wiesenheu gegart					✔			
Gröstel von der Rehleber mit Spiegelei		✔						
Saté-Spieße von der Rehleber auf Rucola					✔			
Spieß von Rehnieren mit Ingwerkarotten			✔					
Saltimbocca vom Reh mit mediterranem Gemüse					✔			
Glasierte Rehhaxe mit Stilmusgemüse						✔		
Cannelloni mit Wildhackfleisch						✔		
Rehchili mit roten Kidney-Bohnen und Kräuter-Tortillachips					✔			
Wildburger auf Mehrkornbrötchen						✔		
Bacon-Wildburger auf Walnussbrötchen						✔		
Salat vom Wildherz	✔							
Strammer Max				✔				
Trilogie von Hirsch, Wildschwein und Taube					✔			

	Riesling	Chardonnay	Rose	Fruchtiger Rotwein	Würziger Rotwein	Schwerer Rotwein	Bier	kein Getränk
WILDSCHWEIN								
Kasseler vom Wildschwein							✔	
Wildschwein im Kartoffelstrudel mit asiatisch im Wok zubereitetem Gemüse		✔						
Düsseldorfer Senfrostbraten vom Wildschwein mit Lyoner Kartoffeln und Paprikasalat						✔		
Gefüllte Wildschweinfilets					✔			
Koteletts vom Frischling mit Frühlingssalat			✔					
Marinierter Sauerbraten vom Keiler							✔	
Wildschweinblatt mit Ananas				✔				
Wildschweinfiletmedaillons im Speckmantel an Spargeltoast					✔			
Wildschweinmedaillons mit Pilzsauce und Rotwein-Apfel-Kompott				✔				
Wildschweinschulter mit Aachener-Printen-Sauce						✔		
Wildschweinsülze							✔	
Pulled Pork Burger						✔		
Frischlingsrücken mit Zwiebel-Senf-Kruste						✔		
Wildschweinpastete mit eingelegtem Hasenfilet					✔			
Maultaschen gefüllt mit Wildhackfleisch					✔			
Hackbraten »falscher Hase«					✔			
Gemischter Grillteller					✔			
HASE & KANINCHEN								
Schnecke vom Hasenrückenfilet mit Dörrpflaumen					✔			
Schnecke vom Hasenrückenfilet mit Rotwein-Schalotten-Sauce					✔			
Filet vom Jungkaninchen im Kartoffelmantel mit grünem Spargel			✔					
Rückenfilet vom Jungkaninchen auf lauwarmem Spargelsalat			✔					
Filets aus dem Kaninchenrücken im Speckmantel an sommerlichen Blattsalaten			✔					
Rücken vom Wildkaninchen auf Ratatouille			✔					
Gegrilltes Jungkaninchen mit Kräuterseitlingen			✔					
Kaninchen im Ganzen auf französische Art		✔						
Pfeffer vom ganzen Hasen mit Rübenkraut					✔			
Sülze vom Jungkaninchen an Frühlingssalat			✔					

	Riesling	Chardonnay	Rose	Fruchtiger Rotwein	Würziger Rotwein	Schwerer Rotwein	Bier	kein Getränk
WILDGEFLÜGEL								
Ravioli con fagiano			✔					
Fasan mit Wurzelgemüse					✔			
Knusprige Fasanentaschen mit getrüffeltem Rotkrautsalat			✔					
Frikassee vom Fasan mit Weintrauben im Blätterteig-Pastetchen		✔						
Ragout vom Fasan mit Flusskrebsschwänzen		✔						
Kanadagans auf Orangen				✔				
Gefülltes Rebhuhn			✔					
Rebhuhn mit Mangoldgemüse		✔						
Rebhuhnbrust im Strudelteig			✔					
Rebhuhnfrikassee		✔						
Wachteln auf Linsenpüree					✔			
Wildente in der Pfefferkruste					✔			
Wildentenbrust auf einem Ragout von Steinpilzen						✔		
Frikadellen von der Wildentenbrust					✔			
Geschmorte Jungtauben auf Champagnerkraut							✔	
Taubensuppe mit Gemüseperlen								✔
Variation von der Ringeltaube			✔					
Wildtaubenbrust auf gebratenem Spargel			✔					
Wildtaubenbrust auf einem Kartoffel-Carpaccio			✔					
FISCH								
Cassoulet vom Hecht		✔						
Dorade mit Fenchel	✔							
Gefüllte Scholle mit Blattspinat	✔							
Hecht an Kapern-Senfsauce		✔						
Hechtklößchen auf Blattspinat mit Dillsauce		✔						
Karpfen im Brotmantel	✔							
Lachstatar mit Orangen-Honig-Senf-Sauce		✔						
Würzig feuriger Flammlachs	✔							
Regenbogenforelle gefüllt mit Lauchgemüse		✔						
Tatar vom Saibling mit Forellenkaviar	✔							
Zanderschnitte auf der Schuppe gebraten	✔							
Zander in Backpapier gegart mit Gemüsejulienne	✔							
Süß-sauer eingelegte Rotaugen							✔	

REGISTER DER REZEPTE

DER STRÜMPER HOF

Autor, Fototeam und Verlag bedanken sich ganz herzlich bei Johannes Siemes vom »Strümper Hof« für die Rezepte und das Kochen der Gerichte für unser Buch. Genießen Sie die Gerichte vor Ort:

Hotel & Restaurant Strümper Hof
Osterather Straße 78
40670 Meerbusch
www.struemperhof.de
info@struemperhof.de

Unter der Marke WILDMEISTEREI bietet Ihnen Küchenmeister Johannes Siemes zudem hochwertige Wildfleischprodukte aus eigener Jagd und Herstellung. In der Wildmeisterei gibt es Premium Wildbret für Ihre eigenen Kreationen und ebenso verzehrfertige Speisen – zum Beispiel im Glas, antibiotikafrei und ohne Konservierungsstoffe, für Sie in traditioneller Handarbeit zubereitet.

STRÜMPER HOF
AUS TRADITION BESSER.
hotel

ULRICH VOMBERG. Ich jage passioniert seit gut vier Jahrzehnten und lege Wert auf eine nachhaltige Jagdausübung, auf das Wohl des Wildes und auf Waidgerechtigkeit.

Geboren am Niederrhein, erinnere ich mich noch lebhaft an die Rebhuhnjagden, die im Frühherbst im benachbarten Holland stattfanden. Als »Hühnerjunge« durfte ich dort an den Jagden teilnehmen und trug gerne die erlegte Beute heim. Später – auf den herbstlichen Gesellschaftsjagden am Niederrhein – lagen Hasen, Fasane und auch schon mal ein Fuchs auf der Strecke. Enten gab es wegen der Nähe zu Gewässern und zum Rhein reichlich. Sie wurden beim abendlichen Entenstrich erlegt. Im Sommer galt es dem starken Bock. So manches Sechser-Gehörn eines Rehbockes ziert heute ein Jagdzimmer.

Gerne umrahme ich heute Jagdtage musikalisch. Wenn dann abends bei den zünftigen Schüsseltreiben schmackhaft zubereitetes Wild auf den Tisch kommt, dann haben meine Jagdfreunde und ich das Wildbret natürlich selbst erlegt.

JULIA HILDEBRAND nahm nach ihrer Ausbildung in einem renommierten Stuttgarter Werbestudio das Fotodesign-Studium an der Hochschule München auf. Seit 2010 arbeitet sie für Verlage, Redaktionen und Werbekunden als freischaffende Fotografin in den Bereichen Food und Stilllife.

INGOLF HATZ arbeitet seit seinem Studium in den USA erfolgreich als Fotograf für Magazine, Verlage und Werbekunden. Seine Schwerpunkte sind die People- und Reportage-Fotografie.

Die beiden verbindet neben der Fotografie die Leidenschaft für gutes Essen und hervorragende Produkte. Seit über zehn Jahren arbeiten sie als augustundjuli gemeinsam unter anderem an besondern Buchprojekten, die sie oft von der Idee bis zur visuellen Umsetzung entwickeln. Für ihre Arbeit wurden sie bereits mehrfach mit Gold- und Silbermedaillen von der GAD und mit dem Gourmand Cookbook Award 2016 und 2020 ausgezeichnet.

JOHANNES SIEMES, geboren im April 1972 in Krefeld: Nach dem Besuch der Schule entschied er sich für den Beruf des Kochs. Die Lehre schloss er als Küchenmeister ab. Wanderjahre führten ihn nach Schottland und zur »Traube in Tonbach« (Baiersbronn). 2001 übernahm er in fünfter Generation den »Strümper Hof« im Ortsteil Strümp der linksrheinischen Stadt Meerbusch nahe der Landeshauptstadt Düsseldorf. Der Gastronomiebetrieb besteht bereits seit 140 Jahren.

ELKE KARSCH, erfahrene Köchin und engagierte Jägerin: »Meine Wiege stand an der Mosel, die sich – aus den Vogesen kommend – zwischen Eifel und Hunsrück durch eine Senke des Rheinischen Schiefergebirges schlängelt. Bei Koblenz mündet Mosella in den Rhein. Aufgewachsen an Mosellas Ufern wurde mir die Beziehung zu Wild und Wein schon früh in die Wiege gelegt. Nach meiner Ausbildung arbeitete ich zunächst am Mittelrhein im Weinbau. Später im Bergischen Land sesshaft geworden, führte ich dort in einer Restaurantküche als Küchenchefin Regie. Des Öfteren tausche ich die weiße Kochjacke gegen grünen Jägerloden. Dem Schwarzwild gilt meine Passion. Meine »Wildschweinpastete mit Hasenfilet« – wie auf Seite 140 beschrieben – bringt Gäste zum Schwärmen. Das notwendige Wildbret erlege ich selbst. Und dazu der passende Wein rundet das Menü ab.

318

IMPRESSUM

Verantwortlich: Sonya Mayer
Buchidee, Einleitung und Kapiteltexte:
Ulrich Vomberg
Rezepte: Johannes Siemes, Elke Karsch
Texte zum Wein und Weintabelle: Ralf Bos
Foodfotografie & Foodstyling: Julia Hildebrand
People- und Moodfotografie: Ingolf Hatz
Umschlaggestaltung: Leeloo Molnár, unter
Verwendung einer Fotografie von Julia Hildebrand
Redaktion und Adaption der Rezepte:
Dr. Regina Roßkopf
Layout: A flock of sheep, Marcus Taeschner
Repro: LUDWIG:media
Korrektorat: Christiane Gsänger
Herstellung: Anna Katavic, Bettina Schippel

Printed in Slovakia by Neografia Martin.

Bildnachweis: Alle Bilder des Umschlags und des Innenteils stammen von Julia Hildebrand und Ingolf Hatz (www.augustundjuli.de).

★★★★★

Sind Sie mit diesem Titel zufrieden? Dann würden wir uns über ihre Weiterempfehlung freuen.

Erzählen Sie es im Freundeskreis, berichten Sie Ihrem Buchhändler oder bewerten Sie bei Onlinekauf. Und wenn Sie Kritik, Korrekturen, Aktualisierungen haben, freuen wir uns über Ihre Nachricht an

Christian Verlag, Postfach 40 02 09,
D-80702 München
oder per E-Mail an lektorat@verlagshaus.de

Die Deutsche Nationalbibliothek verzeichnet diese Publikation in der Deutschen Nationalbibliografie; detaillierte bibliografische Daten sind im Internet über http://dnb.d-nb.de abrufbar.

ISBN 978-3-95961-483-2

Ebenfalls erhältlich ...

ISBN 978-3-95961-538-9

ISBN 978-3-95961-522-8

ISBN 978-3-95961-256-2

ISBN 978-3-95961-365-1

ISBN 978-3-95961-506-8

ISBN 978-3-95961-463-4

CHRISTIAN

www.christian-verlag.de